열려라! 지렁이나라

생명을 사랑하는 어린이 문고 ❼
열려라! 지렁이나라

초판 1쇄 발행일 2010년 5월 19일
초판 3쇄 발행일 2019년 10월 28일

지은이 최훈근
펴낸이 이원중
펴낸곳 지성사 **출판등록일** 1993년 12월 9일 **등록번호** 제10-916호
주소 (03458) 서울시 은평구 진흥로 68(녹번동) 정안빌딩 2층(북측)
전화 (02) 335-5494 **팩스** (02) 335-5496
홈페이지 www.jisungsa.co.kr **이메일** jisungsa@hanmail.net

ⓒ 최훈근, 2010

ISBN 978-89-7889-220-9 (74490)
ISBN 978-89-7889-058-8 (세트)

잘못된 책은 바꾸어드립니다. 책값은 뒤표지에 있습니다.

이 도서의 국립중앙도서관 출판시도서목록(CIP)은 e-CIP 홈페이지(http://www.nl.go.kr/ecip)에서 이용하실 수 있습니다. (CIP 제어번호:2010001630)

책을 사랑하는 어린이문고 ⑦

열려라!
지렁이나라

최훈근 지음

지성사

    우연한 계기로 지렁이 연구를 시작한 지 벌써 20년이 되었습니다. 오랫동안 지렁이 생태 체험장을 운영하면서 지렁이를 키우는 방법과 생태 관찰, 농업에 보급하는 일을 하다 보니 다양한 사람들을 만날 수 있었습니다.

    지렁이를 신기해하며 덥석 만지는 어린 유치원생과 저 멀리 도망가며 손사래를 치는 처녀, 지렁이를 키우면서 논밭과 과수원을 일구는 농부, 지렁이를 이용해 가정에서 음식물 쓰레기를 해결하는 주부, 그리고 저 멀리 외국에서 지렁이를 연구하거나 배우려는 사람들까지…….

    이와 같은 소중한 만남을 통하여 듣고 배우며 겪었던 지렁이의 행동과 습관에 대한 이야기들 중 재미있는 것, 신기한 것, 많은 이들이 궁금해 하는 것들을 골라 이 책에 엮었습니다.

    조그만 지렁이가 과일 껍질이나 음식물 찌꺼기를 오물오물 먹는 모습은 앙증맞고 귀엽지요. 그런가 하면 모두가 잠든 밤에 쓰레기를 땅속으로 가져가 지구를 청소하고, 굴을 만들어 땅과 식물을 살리는 지렁이의 모습은 기특하기만 합니다.

여기에서 소개하는 내용 중에는 잘 알려져 있는 것도 있지만 대부분의 사람들이 오해하고 있는 사실도 많습니다. 지렁이가 알을 낳는 모습이나 새끼가 태어나는 과정은 정말 신비롭습니다. 반면 자동차에 밟혀 죽은 지렁이의 모습을 볼 때나 물에 사는 물고기, 하늘을 나는 새 등 많은 동물의 먹이가 되는 지렁이의 숙명을 생각할 때는 측은한 생각이 들기도 합니다.

지렁이를 알면 알수록 생명의 소중함을 깨닫게 되며, 나 자신만을 위해 살았던 삶에 대해 반성하게 됩니다. 지렁이를 포함한 모든 생물이 건강하게 자라고 서로 어울려 살아갈 수 있는 환경이 만들어질 때, 지구도 건강해지고 우리의 삶 또한 행복해질 수 있습니다.

〈열려라! 지렁이나라〉가 비록 지렁이의 모든 것을 다 담아내지 못했다 하더라도 지렁이에 관심을 가진 어린이들에게 상상력을 불러일으킬 만한 충분한 이야기를 들려줄 것입니다. 또 지렁이를 연구하고 활용하고자 하는 어른들에게도 도움이 될 것으로 믿습니다.

부디 이 책이 많은 사람들에게 지렁이에 대한 이해와 사랑을 싹틔워서 보다 쾌적하고 아름다운 세상을 일구는 데 작은 밀알이 되기를 바랍니다.

 영산강에서 최훈근

1장 꼬물꼬물 지렁이와 인사하기 11

엄마의 걱정 12

지렁이야, 반가워 15
첫 만남
지렁이는 언제 생겨났을까?
지렁이를 찾아보자

지렁이는 어떻게 생겼을까? 23
지렁이는 환형동물
몸은 길쭉한 원통 모양
근육으로 이동해요
끈끈한 액을 분비하는 피부

신기한 지렁이의 몸 30
눈이 없어도 빛을 느낄 수 있어요
뇌가 없어도 괜찮아요
지렁이의 피는 무슨 색깔일까?
지렁이에게도 털이 있다고?
코가 없는 지렁이는 숨을 어떻게 쉴까?
손이 없는데 굴을 어떻게 뚫을까?
chapter tip 세계 여러 나라의 지렁이 이름 40

2장 느릿느릿 지렁이 살아가기 43

궁금해요?

지렁이는 대지의 청소부 44
지렁이는 무엇을 먹을까?
아무 거나, 아무 때나 잘 먹나요?
겨울잠도 자고 여름잠도 잔다고?
지렁이는 먹이를 얼마나 먹을까?
대식가 지렁이는 똥을 얼마나 눌까?

지렁이 똥은 보물 58
지렁이 똥은 왜 검은색일까?
땅을 살리는 지렁이
지렁이가 가축이라고?
다윈과 지렁이

지렁이는 성실한 농부 66
지렁이가 많은 땅에 정착해 농사를 지었어요
지렁이 농업이란 무엇일까?
씨알 구조로 되어 있는 지렁이의 똥
분변토 실제로 이용하기
chapter tip 아바나의 작은 농부 77

3장 꾸물꾸물 지렁이와 친해지기 79

지렁이와 놀자 80
지렁이가 돌아다니면 비가 올까?
모래나 재를 왜 싫어할까?
담배 연기는 싫어요
소금기에 약해요
가장 좋아하는 온도는 몇 도일까?

지렁이의 사랑 92
지렁이는 얼마나 오래 살까?
어떻게 어른이 될까?
지렁이의 짝짓기
지렁이 알이 궁금해
지렁이는 대가족
종이 다른 지렁이끼리 짝짓기를 할 수 있을까?

지렁이는 왜 그럴까? 107
지렁이가 달아났다!
지렁이도 밟으면 꿈틀?
노래하는 지렁이?
chapter tip 지렁이의 친척들 118

4장 꼼실꼼실 지렁이 도움 받기 121

지렁이는 고마운 친구 122
약으로 사용했던 지렁이
현대 의약품에도 지렁이가 이용된다고?
보약과 비누로도 이용되는 지렁이

생태계를 지키는 파수꾼 128
포유류와 양서류의 먹을거리
새들의 먹을거리
물고기들의 먹을거리
chapter tip 세계 곳곳의 지렁이 음식 135

5장 움짝움짝 지렁이와 같이 살기 139

아파트에서 지렁이 키우기 140
지렁이를 키울 때 필요한 것
지렁이 사육상을 만들자
사육상의 지렁이
지렁이 먹이 주기
사육상 관리하기

꿈틀 박사님, 도와주세요! 151
지렁이가 밖으로 뛰쳐나오면?
벌레가 생겼다면?
오랫동안 집을 비워야 한다면?

지렁이와 함께 춤을 156
chapter tip 세상의 많은 지렁이 159

부록 지렁이 관찰 일기 161

지렁이 분변토 찾아보기 | 개미굴과 지렁이 굴은 어떻게 다를까? | 낮에 나온 지렁이 관찰하기 | 길에 나온 지렁이 옮겨 주기 | 개미가 지렁이 옮기는 현장 관찰하기 | 빛에 대한 지렁이 행동 관찰하기 | 장애물이 있을 때는 어떻게 할까? | 움직이는 속도 관찰하기 | 지렁이의 지능은 어느 정도일까? | 지렁이는 어떤 음식을 제일 좋아할까? | 지렁이 알 색깔 변화 관찰하기 | 분변토에 채소를 키우면? | 지렁이가 사는 땅에 물이 흐르면? | 지렁이의 몸이 잘리면?

찾아보기 176

1장 꼬물꼬물 지렁이와 인사하기

엄마의 걱정

"지성아, 어딜 가니?"

방에서 책을 읽고 있는 줄 알았던 지성이가 살짝 밖으로 나가는 것을 본 엄마가 불러 세웁니다.

"헤헤, 옆집에요…."

엄마 몰래 나가려다가 들켜서 겸연쩍어진 지성이는 머리를 긁적였습니다.

"또 꿈틀 박사님한테 간다고?"

엄마의 눈초리가 올라갑니다.

"매일 거기 가서 뭘 하는 건데? 어제도 저녁 늦게까지 있었으면서… 숙제는 다 한 거야?"

"엄마도 참, 당연하죠! 제 숙제는 물론이고 주영이 그림 그리는 것까지 도와줬다고요."

일부러 길게 대답을 하면서 지성이는 슬금슬금 대문 쪽으로 발걸음을 옮깁니다.

"얘, 잠깐만!"

"금방 다녀올게요."

지성이는 엄마에게 붙잡혀 잔소리를 들을까 봐 후다닥 뛰어나갑니다.

"쟤 좀 봐. 도대체 뭣 때문에 날이면 날마다 거기서 살다시피 하는 건지 모르겠네."

"다른 아이들처럼 방에 틀어박혀 게임이나 하는 것보다 훨씬 낫지 뭘 그래요?"

어느새 마당에 나온 아빠가 참견을 합니다.

"하지만 그 사람은 확실히 괴짜예요. 하루 종일 혼자 중얼거리면서 땅만 들여다보고 있다고요."

"말수가 없어서 그렇지 나쁜 사람처럼 보이지는 않던데요."

"흠…."

아빠의 말이 사실인지라 대꾸할 말을 찾지 못했지만 엄마는 아무래도 마음이 놓이지 않습니다.

'지성이 녀석, 자기가 할 일을 다 하지 않으면 앞으로는 옆집에 못 가게 해야겠어.'

엄마는 혼자 속으로 결심했습니다.

'휴~ 하마터면 잡힐 뻔했네.'

엄마가 꿈틀 박사님을 탐탁지 않게 여긴다는 걸 알고 있는 지성이는 걸음을 빠르게 옮겼습니다.

'엄마도 꿈틀 박사님에 대해 알게 되면 좋아할 텐데. 나도 처음엔 잘 모르고 무서워했잖아.'

꿈틀 박사님과 처음 얘기를 나누었던 날을 떠올리며 지성이는 빙그레 미소를 지었습니다.

지렁이야, 반가워

첫 만남

🧒 할아버지, 거기 오른쪽에 있는 축구공 좀 주워 주세요.

👴 너, 이리 좀 내려오렴.

🧒 네? 왜… 왜요?

👴 네 축구공이 우리 아이들을 놀라게 했잖니. 당장 이리 와서 진심으로 사과를 해야지.

🧒 아이들이라고요? 거긴 아무도 없는걸요.

👴 없긴 왜 없어? 여기 이렇게 많은데.

🧒 으악~ 징그러워! 그건 지렁이잖아요!

👴 흐흠, 지렁이가 징그럽게 보이니?

꼬물꼬물 지렁이와 인사하기

길고 가느다란 지렁이의 모습이 징그럽다고 생각하는 사람들이 많습니다. 꾸물꾸물 기어가는 모습은 뱀을 연상시켜 두려움의 대상이 되기도 하지요. 하지만 지렁이가 땅속에서 얼마나 대단한 일을 하고 있는지, 또 길고 가느다란 몸이 땅속에서 움직이고 활동하기에 얼마나 편리한지를 알게 된다면 지렁이가 조금은 사랑스럽게 느껴질 거예요. 자, 그럼 지금부터 지렁이에 대해 알아볼까요?

지렁이도 진동을 느낄까?

지렁이는 진동에 매우 민감합니다. 지렁이가 진동을 얼마나 무서워하는지 알아보기 위해 철로 주변에 간격을 두고 지렁이 사육장을 설치했더니 철로에서 10미터 이내에 설치한 사육장의 지렁이는 제대로 먹지도 자라지도 못했답니다. 철로에서 30미터쯤 떨어진 곳의 지렁이는 먹이를 먹기는 했지만 번식을 하지 못했고, 50미터 이상 떨어진 곳에서야 번식을 할 수 있었습니다.

지렁이는 언제 생겨났을까?

지렁이는 원래 육지에서 생활하던 동물이 아닙니다. 먼 옛날 바다에서 살다가 수억 년에 걸쳐 점차 육지로 이동하여 정착하게 된 것입니다.

바다에서 육지로 긴 여행을 한 지렁이

그래서 지렁이의 몸은 물속에서 이동하기 편리한 유선형으로 되어 있습니다.

바다에 살던 지렁이가 왜 땅에 올라와 살게 되었는지는 아직 명확히 밝혀지지 않았습니다. 뭍으로 올라와 갯벌에 정착한 지렁이의 후손들은 아직도 갯벌에 살고 있는데 이들을 갯지렁이라고 하지요. 갯지렁이의 몸에는 바다에서 헤엄칠 때 이용했던 털이 아직도 남아 있습니다. 반면 갯벌에 머무르지 않고 점차 마른 땅으로 이동한 지렁이도 있었습니다. 육지로 이동한 지렁이는 몸에 있던 털이 점차 없어졌고, 육지의 환경에 적응하면서 그 수가 빠르게 증가하였습니다. 지렁이가 현재의 모습으로 변하는 데는 5억 년이 걸렸답니다.

누가 제일 먼저 태어났을까?

그러면 지렁이는 언제부터 지구에 살았을까요?

약 5억 년 전인 오르도비스기Ordovician Period의 화석에서 지렁이의 알이 발견된 것으로 보아 약 2억 3000만 년 전에 나타난 뱀이나 약 1억 8000만 년 전에 생긴 공룡, 1억 5000만 년 전에 생긴 개미보다도 훨씬 오래전부터 지구에 살고 있었다는 것을 알 수 있습니다. 지구에 출현한 지 불과 3500만 년 정도밖에 되지 않은 벼룩이나 벌, 나비 등의 곤충과 견주어 보아도 지렁이처럼 오랜 옛날에 태어나 지금까지 지구에 살고 있는 동물은 많지 않습니다.

 우아~ 지렁이가 공룡보다 나이가 많다니 정말 놀라워요.

 가장 최초의 인간 할아버지보다 훨씬 더 오래전부터 지구에 살았지.

 생긴 것만 보고 하찮게 여기면 안 되겠네요.

 그야 당연하지.

겨우 신생대부터 지구에 살기 시작한 인간 역시 지렁이에 비하면 까마득히 어린아이에 불과합니다. 공룡이나 매머드처럼 거대한 동물들이 나타났다가 멸종해 가는 긴 시간 동안 작고 연약한 지렁이는 환경에 맞게 몸을 변화시키며 꿋꿋하게 살아남았답니다.

지렁이를 찾아보자

추운 곳과 더운 곳, 건조한 곳과 비가 많은 곳 등 지구의 여러 지역은 자연 환경과 기후 조건이 다양합니다. 눈에 보이지 않는 미생물부터 몸집이 큰 포유류까지 모든 생물들은 자신이 생활하기 적당한 서식처를 찾아 살거나 환경에 맞게 자신의 몸을 변화시켜 왔습니다. 그래서 덥고 습한 열대의 늪에서는 악어가, 건조한 사막 지역에서는 낙타가 살게 되었습니다.

그런데 지렁이는 없는 곳이 없을 정도로 온 세상에 퍼져 살고 있습니다. 물론 적절한 온도와 습도 등 생활하기 좋은 환경이 필요하기는 하지만 지렁이처럼 지구 구석구석 없는 곳이 드물 정도로 강인한 생명력을 지닌 생물도 흔치 않습니다.

우리나라에도 많은 종류의 지렁이들이 살고 있는데, 물지렁이, 실지렁이, 거머리지렁이 등 물에 사는 종류도 있고, 밭지렁이, 참지렁이 등과 같이 땅에 사는 종류도 있습니다. 낚시할 때 미끼로 사용되는 지렁이 종류만 줄지렁이, 쇠낚시지렁이, 갈색낚시지렁이, 넓은낚시지렁이 등 11종이 살고 있습니다. 사는 지역에 따라 거제지렁이, 지리산지렁이, 순천지렁이 등의 이름이 붙어 있기도 하고, 생김새에 따라 발자국무늬지렁이, 안경지렁이, 외무늬지렁이 같은 이름도 있습니다. 또 똥지렁이, 색다른 지렁이, 괴물지렁이 등 재미있는 이름을 가진 지렁이도 있습니다.

 정말 지렁이 종류가 그렇게 많아요? 다 비슷해 보이던데.

 자세히 보면 크기도 다르고 모양도 다르지.

 그런데 이렇게 지렁이를 한꺼번에 많이 본 건 처음이에요.

 도시에서는 지렁이를 보는 것이 쉽지 않아. 지렁이가 살 만한 흙이 없으니까.

 예전에는 비만 오면 도시에서도 흔히 볼 수 있는 동물이 지렁이였습니다. 하지만 언제부터인가 서울 같은 대도시에서는 비가 내려도 지렁이를 만나기가 쉽지 않습니다. 환경이 오염되었기 때문이기도 하지만 무엇보다 흙이 시멘트나 아스팔트로 포장되어 지렁이가 살 수 있는 공간이 줄어들었기 때문입니다. 이러다가는 지렁이를 우리 주변에서 영영 볼 수 없게 될지도 모릅니다. 점차 더 멀리, 더 깊숙이 숨어드는 지렁이를 다시 보기 위해서는 우리의 관심이 더 많이 필요하겠지요.

 오스트레일리아에는 지렁이가 없었다고?

아주 오래전 오스트레일리아와 뉴질랜드는 바닷속에 잠겨 있었기 때문에 지렁이가 살지 않았습니다. 그러면 지렁이는 어떻게 머나먼 섬나라까지 옮겨 가 살게 되었을까요?
첫 번째 경로는 유럽 대륙에서 이주해 온 사람들이 들고 온 화분입니다. 그 안에 있던 지렁이의 알이 부화하면서 오스트레일리아와 뉴질랜드에도 지렁이가 살게 되었다고 합니다. 또 당시 오스트레일리아는 석탄 등의 천연자원을 유럽으로 수출했는데, 돌아올 때는 배의 균형을 유지하기 위해 흙을 싣고 돌아왔습니다. 이 과정에서 흙 속에 있던 지렁이 알이 부화하여 번식했습니다.
과거 지렁이가 없었던 땅이지만 오늘날의 오스트레일리아에는 일 년에 약 25만 명 정도의 관람객이 다녀가는 세계적인 지렁이박물관이 있어서 유명한 관광 명소로 자리 잡고 있습니다.

지렁이는 어떻게 생겼을까?

지렁이는 환형동물

지구에 살고 있는 동물을 나누는 방법 중에 몸 안에 척추(등뼈)가 있는 것과 없는 것으로 구별하는 방법이 있습니다. 사람이나 사자, 새, 물고

척추동물과 무척추동물

지렁이 전체 모습

둥근 형태의 체절로 이루어진 지렁이 머리 부분

기와 같이 등뼈가 있어서 몸을 지탱하는 동물을 척추동물이라고 하고, 잠자리와 매미 같은 곤충이나 달팽이처럼 등뼈가 없는 동물을 무척추동물이라고 하지요.

등뼈가 없는 지렁이는 무척추동물에 속합니다. 지구에 사는 동물 중 척추동물의 비율은 전체의 약 5퍼센트에 불과하고, 나머지 95퍼센트 정도는 무척추동물입니다.

지렁이의 몸은 원통형으로, 기어 다니기 편하도록 둥근 모양의 체절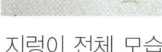이 연이어 연결되어 있습니다. 지렁이처럼 몸이 원통형이고 고리 모양의 체절이 있는 동물을 환형環形동물이라고 합니다. 환형동물은 몸에 환대가 있는 것이 특징인데, 암수한몸으로 알을 낳아 번식합니다. 환형環形의 환環자는 고리라는 뜻으로, 몸이 고리 모양으로 둥근 동물을 말합니다.

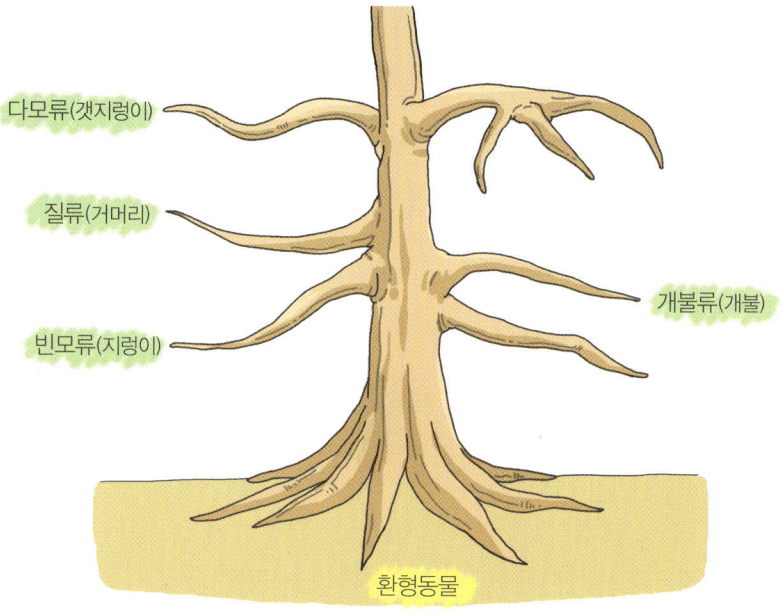

지렁이의 계통도

 갯벌에 주로 살며 털이 많은 갯지렁이, 바다에 살며 털이 없는 개불, 육지에 살며 털이 적거나 없는 지렁이, 육지의 물속에 사는 실지렁이나 거머리 같은 동물이 바로 환형동물에 속합니다. 말하자면 우리의 주인공인 지렁이는 무척추동물이며, 환형동물 중에서도 빈모류입니다.

몸은 길쭉한 원통 모양

 아하~ 뼈가 없어서 지렁이의 몸이 흐물흐물한 거군요. 자세히 보니 정말 고리가 연결된 것처럼 보여요.

 고리가 연결되어서 긴 원통이 된 모습이지.

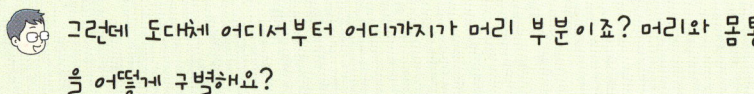 그런데 도대체 어디서부터 어디까지가 머리 부분이죠? 머리와 몸통을 어떻게 구별해요?

지렁이는 머리, 몸통, 꼬리의 구분이 없고 몸통만 있습니다. 몸의 외부를 이루는 체절은 여러 마디가 연결되어 내부 기관을 보호하며, 지렁이의 종류나 크기에 따라 차이가 있지만 약 150개의 체절로 이루어져 있지요.

이빨, 눈, 귀, 코, 팔, 다리도 없는 지렁이지만 몸통의 앞부분에는 입과 입주머니가 있습니다. 입주머니는 전구엽前口葉이라고도 부르며, 지렁이가 땅속을 파고 들어갈 때 입을 보호합니다. 또 지렁이는 작고 단순한 형태이기는 하지만 생식기계, 순환기계, 신경기계, 소화기계, 배설기계, 근육계 등도 모두 갖추고 있답니다.

지렁이의 입부분

근육으로 이동해요

 지렁이와 닮은 뱀은 배에 있는 비늘과 가슴뼈를 이용해서 이동한단다. 그러면 비늘도 뼈도 없는 지렁이는 어떻게 이동할까?

 음… 혹시 체절 사이에 발을 숨겨두었다가 이동할 때만 꺼내어 사용하는 건 아닐까요?

 숨겨둔 발이라고? 크하핫!

지렁이는 근육이 움츠러들고 늘어나는 수축과 이완을 반복하면서 앞으로 나아갑니다. 이때 온몸을 동시에 늘리는 것이 아니라 몸의 부분부분을 교대로 이동과 정지, 신장과 수축을 반복합니다. 머리가 있는 앞부분의 몸을 늘려서 앞으로 나아간 뒤, 몸의 체절마다 있는 센털로 몸의 앞부분을 지지하면서 중간 부분을 당기고, 마지막으로 꼬리 부분을 앞으로 당깁니다. 몸을 늘려 앞부분이 이동할 때는 몸의 중간과 꼬리 부분이 고정되어 지탱하고 중간과 꼬리 부분이 이동할 때는 앞부분이 중심을 잡지요.

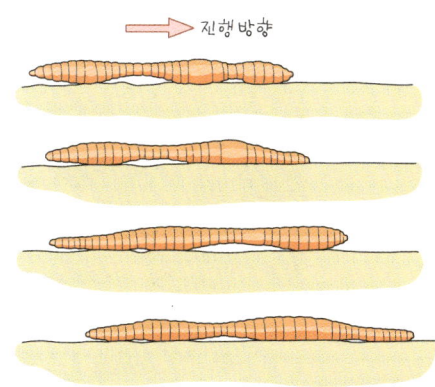

끈끈한 액을 분비하는 피부

 사람들이 지렁이를 싫어하는 이유 중 하나는 미끈미끈한 피부 때문일 거예요.

 하지만 그런 피부를 갖고 있지 않았다면 지렁이는 땅속에서 살아가기 힘들었을 거야.

지렁이 몸의 표면은 각피로 덮여 있고, 몸통의 등쪽에 나 있는 배공에서 매끄러운 점액을 분비합니다. 물속에서 생활하는 수생 지렁이는 점액을 분비하지 않고 땅에서 사는 지렁이만 분비합니다. 점액에서는 지렁이 특유의 냄새가 나는데, 색깔은 지렁이의 종류에 따라 조금씩 다릅니다. 줄지렁이의 점액은 황색이고 뚱보지렁이류는 젖빛에 가까운 색깔입니다.

지렁이의 점액은 피부의 수분을 유지하고 부드럽게 움직이도록 도우며, 피부로 호흡하는 과정에서 산소나 이산화탄소의

윤기가 있는 지렁이의 몸

가스 교환에 중요한 역할을 합니다. 또 땅속 굴의 벽면을 단단히 굳게 하여 굴이 무너지지 않도록 하는 동시에 이동할 때는 윤활유 역할을 합니다. 적에게 잡혔을 때도 미끈미끈한 액체를 분비하여 궁지에서 벗어나며, 짝짓기를 할 때는 생식기 부위에 이 특수한 액을 분비하여 서로 교환한 정자를 보호합니다.

신기한 지렁이의 몸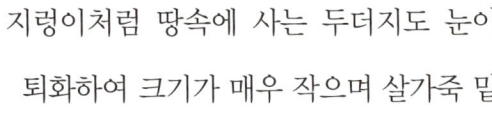

눈이 없어도 빛을 느낄 수 있어요

빛이 없으면 아무것도 보이지 않기 때문에 눈이 필요 없겠지요. 실제로 빛이 닿지 않는 땅속에 사는 지렁이에게는 눈이 없습니다. 눈이 없어 매우 불편할 것이라고 생각하기 쉽지만 이는 땅속 생활에 지렁이가 적응한 것이므로 생활하는 데 전혀 지장이 없답니다.

지렁이처럼 땅속에 사는 두더지도 눈이 퇴화하여 크기가 매우 작으며 살가죽 밑에 묻혀 있습니다. 땅속에서는 빛이 없어 눈이 있어도 볼 수 없기 때문에 쓸모가 없으며, 이동하기 위해 흙이라도 파야 한다면 눈으로 흙이 들어가 오히

안 보여도 다 안다구.

려 불편하겠지요.

지렁이는 눈이 없는 대신 피부에 닿는 감촉으로 사물을 감지합니다. 몸 전체에 외부 자극을 감지하는 감수세포와 빛을 느끼는 수광세포受光細胞가 흩어져 있어 피부로 자극을 받아들이는데, 자극에 민감한 편이라서 위험하다고 느끼면 재빠르게 땅속으로 숨어듭니다. 특히 머리 부분이 빛을 잘 감지하는데, 이는 몸 전체가 굴 밖으로 나오는 것보다는 머리만 내밀어 외부 상황을 파악하는 것이 생존에 유리하기 때문에 환경에 적응한 결과라고 여겨집니다.

뇌가 없어도 괜찮아요

 눈도 없는데 빛에 반응하는 걸 보면 지렁이는 머리가 좋은가 봐요.

 하하, 그렇지는 않아. 지렁이는 사람처럼 뇌로 생각하고 움직이는 게 아니거든.

지렁이도 뇌를 갖고 있지만 기능이 발달하지 않아서 의식적인 판단을 하거나 사람과 같은 방식으로 사물을 인식하지는 못합니다.

자신의 몸과 주변 환경의 변화를 느끼고 이에 반응할 수 있는 지렁이의 신경계는 뇌와 복부 신경 조직으로 구성되어 있습니다.

각각의 둥근 체절마다 등 쪽에 한 쌍의 신경절神經節:신경 세포의 집단이 있어 각각의 체절을 지배합니다. 몸의 가장 앞쪽 첫 번째 신경절이 가장 잘 발달하였는데 이것이 바로 뇌입니다.

지렁이의 뇌는 몸의 신경을 통합하는 중추 기관이지만 먹이를 찾거나 짝짓기를 하고 위험을 피하는 등의 행동은 본능적인 활동으로, 뇌가 없더라도 살아가는 데 별 지장이 없다고 합니다.

즉 지렁이의 신경계는 고등 동물과는 달라서 몸 전체를 맡아 관리하지 못하고 본능적으로 움직일 뿐입니다.

지렁이는 냄새나 맛에도 민감한 편인데, 특히 단맛이 나는 먹이를 좋아한다고 합니다. 이 역시 원시적이기는 하지만 신경계를 갖고 있어 가능하지요.

지렁이의 피는 무슨 색깔일까?

다른 동물과 마찬가지로 지렁이에게도 혈액이 흐르고 있습니다. 혈액은 몸 구석구석에 산소와 영양분을 공급합니다.

혈액 안에 있는 헤모글로빈이라는 혈색소가 피부를 통해서 얻은 산소를 운반하는데, 헤모글로빈 속에 있는 철이 산소와 결합하면 산화철이 되면서 밝은 주황이나 붉은색을 띠므로 지렁이의 피는 사람의 피처럼 붉은색입니다.

헤모글로빈은 철 성분이 들어 있는 4개의 헴heme과 글로빈globin이라는 단백질이 결합된 물질이지요.

갯지렁이류의 피는 육지의 지렁이처럼 철을 포함하고는 있지만 그 구조가 달라서 산소와의 결합력이 떨어져서, 핏속의 산소 농도가 옅어지면 녹색을 띠고, 산소 농도가 짙어지면 붉은색을 띱니다.

이끼벌레 같은 촉수동물과 곤충류의 절지동물도 헤모에리트린 색소를 갖고 있어 평소에는 색을 띠지 않다가 산소와 결합하면 붉은 자주색을 나타냅니다.

반면 문어처럼 뼈가 없는 연체동물, 새우나 게와 같은 갑각류는 철 대신 구리가 포함된 헤모시아닌을 갖고 있습니다. 산소와 결합한 구리는 푸르스름한 빛을 띤 산화구리가 되기 때문에 이들의 피는 붉지 않습니다.

붉은 피가 흐르는 혈관

지렁이의 등 부분과 배 부분에 있는 굵고 긴 혈관은 각 체절 안에서 서로 연결되어 막힌 고리 모양을 하고 있습니다. 식도 가까이에 있는 5개의 아치형 혈관은 강하게 수축과 이완을 반복하며 심장 역할을 합니다. 역류를 막아 주는 판막이 있어 피는 한 방향으로만 흐르는데, 등 쪽 혈관에서 배 쪽 혈관으로 들어가 몸 뒤쪽으로 흘러갔다가 다시 등 쪽 혈관을 타고 앞쪽으로 향합니다.

지렁이에게도 털이 있다고?

 지렁이의 피가 사람처럼 붉은색이라니 왠지 친근함이 느껴져요. 피부도 사람 피부와 닮았고요.

 게다가 지렁이도 털이 있지.

 털이라곤 전혀 보이지 않는 걸요.

 눈에 잘 보이지 않지만 피부를 만져 보면 털 때문에 까칠까칠하단다.

동물이나 곤충은 그 종에 따라 여러 가지 모양과 다양한 굵기의 털을 갖고 있습니다. 지렁이를 언뜻 보면 털이 있는지 없는지 잘 알 수 없지만 몸을 만져 보면 단단한 털이 앞과 뒷부분을 뺀 몸 전체 마디에 나 있는 것을 알 수 있습니다.

다리가 없는 지렁이는 몸을 움츠렸다가 펴는 동작을 반복하며 기어서 이동하는데 균형을 잡거나 방향을 틀고, 몸체를 지탱할 때 이 짧은 머리카락 모양의 센털을 이용합니다. 지렁이가 매끄러운 타일 위에서 움직일 수 있는 것도 바로 이 센털이 중심을 잡아 주기 때문이지요.

지렁이는 이동할 때 털을 발처럼 사용하기도 하고, 좁은 굴속에서 움직일 때 몸체를 지탱하거나 굴을 오르내리는 데 이용하기도 합니다. 짝짓기를 할 때도 털을 이용해 상대가 떨어지지 않도록 붙잡고, 상대를 자극하는 데 활용하기도 합니다. 지렁이를 종이에 올려놓고 귀를 기울이면 움직일 때마다 사각거리는 소리를 들을 수 있는데, 눈에 보이지는 않지만 지렁이의 센털이 종이에 스쳐서 나는 소리이지요.

야생 지렁이의 몸에 난 센털

같은 지렁이라도 바다에 사는 갯지렁이는 털이 많아서 다모류(多毛類)라고 하고, 육상에 사는 지렁이는 털이 적어 빈모류(貧毛類)라고 합니다.

지렁이는 종류에 따라 털이 나는 모양이 다르기 때문에 센털의 특성과 배열에 따라 분류되기도 한답니다.

코가 없는 지렁이는 숨을 어떻게 쉴까?

허파는 외부로부터 산소를 받아들여 혈액에 보내고, 혈액이 운반해 온 이산화탄소를 밖으로 내보내는 역할을 합니다. 허파로 호흡을 하는 사람과 달리 지렁이에게는 허파가 없으며, 따라서 공기를 빨아들이는 코도 필요하지 않습니다.

그러면 코가 없는 지렁이는 숨을 쉬지 않아도 살 수 있을까요? 그렇지 않습니다. 모든 생명체가 그러하듯이 지렁이도 숨을 쉬어야 생명을 이어갈 수 있습니다.

주로 땅속에서 생활하는 지렁이는 피부로 숨을 쉽니다. 늘 촉촉이 젖어 있는 겉피부를 통해 흡수된 산소는 모세혈관의 혈액으로 들어가 헤모글로빈과 결합한 후 혈액을 따라 몸 구석구석까지 전달되지요. 산소는 몸에 필요한 물질을 만드는 데 사용되고, 그 과정에서 생긴 이산화탄소와 찌꺼기는 다시 피부나 배설 기관을 통해 몸 밖으로 내보냅니다. 이 모든 과정을 피부 호흡이라고 합니다.

반면 물속에 사는 지렁이는 육지에 사는 지렁이와는 달리 자신이 사는 환경에 맞는 특별한 방법으로 숨을 쉽니다. 예를 들어 아가미지렁이는 몸의 뒤쪽에 특수한 아가미가 달려 있어 아가미로 호흡한답니다.

피부로 호흡하는 지렁이

대부분의 생물들이 산소가 없는 환경에서는 숨을 쉴 수 없어 오래 견디지 못합니다. 반면 피부로 호흡하는 지렁이는 산소가 부족해도 오랫동안 견딜 수 있는데, 그 비밀은 바로 무산소 호흡입니다. 무산소 호흡은 무기 호흡이라고도 합니다. 지렁이는 땅 위에서는 유산소 호흡을 하지만 땅속으로 들어가 공기가 희박해지면 무산소 호흡을 통해 필요한 에너지를 얻습니다.

하이!

손이 없는데 굴을 어떻게 뚫을까?

 징그럽다더니 이제 지렁이를 만지고 있구나.

 네, 지렁이에 대해 조금씩 알게 되니까 친근감이 생겨요.

 하지만 자꾸 만지면 지렁이가 스트레스를 받을 거야.

 알겠어요. 그런데 박사님, 이렇게 가늘고 연약한 지렁이가 어떻게 땅속에 굴을 뚫을까요? 손이나 발도 없고 삽도 없는데요.

땅속에 사는 두더지는 길고 뾰족한 주둥이와 삽처럼 생긴 다섯 개의 긴 발톱이 달린 앞발을 갖고 있습니다. 땅강아지도 앞다리의 종아리마디 부분이 땅을 파기에 적합하게 생겼지요. 하지만 온몸이 원통형이고 손이나 발도 없는 지렁이는 땅속에 굴을 어떻게 뚫을까요?

지렁이는 굴을 파기 위해 먼저 몸을 가늘게 하고, 흙 속 틈새로 몸 일부를 집어넣습니다. 그 다음에 몸을 부풀리면 압력을 받아 흙이 밀려나면서 벌어지지요. 이 과정을 반복하면 땅속 굴이 만들어집니다. 굴 내부의 표면에는 끈적끈적한 체액을 묻혀 매끄럽고 견고하게 만듭니다.

굴을 만드는 경우와 달리 이동만 하는 경우에는 몸으로 공간을 확보하는 동시에 입으로는 흙을 파먹어 앞쪽으로는 공간을 만들고 섭취한 흙은 뒤로 배설합니다. 이러한 동작을 반복하면서 땅속에 굴을 파며 이동합니다.

아~ 그렇구나. 지렁이는 정말 신기해요, 박사님.

지렁이에게 관심을 갖게 된 것 같구나. 하지만 이게 전부가 아니야. 넌 지렁이가 우리 몰래 지구를 지키고 있다는 사실은 모르지?

지렁이가 지구를 지킨다고요? 말도 안 돼.

앞으로 내 일을 거들어 줄 테냐? 그러면 더 재미있고 신기한 이야기를 해 주지.

❶ Chapter tip

세계 여러 나라의 지렁이 이름

전 세계에 널리 분포하는 지렁이는 시대와 지역에 따라 불리는 이름이 다르지만 그 뜻은 비슷한 면이 많습니다. 한국어로 '지렁이'라는 이름이 '징그럽다'라는 형용사에서 나온 것이라고 생각하는 사람도 있지만 그보다는 땅 속의 용이라는 뜻의 한자어 지룡地龍에서 비롯되었다는 주장이 더 믿을 만합니다. 조선 시대의 의학서 『동의보감』이나 중국 명나라 때의 약학서 『본초강목』에서는 지렁이를 '지룡地龍', '토룡土龍', '구인蚯蚓', '디룡이' 등으로 지칭하고 있습니다.

중국에서는 몸을 움츠렸다 뻗으며 기어 다니는 모습을 표현하는 '구인蚯蚓'이라는 이름으로 부릅니다.

일본에서는 '미미즈みみず'라고 부르는데 눈이 없어 앞을 보지 못한다는 뜻으로, '메미즈목불견:目不見'라고 한 것이 변형되었다는 설과 빗물이 고인 웅덩이 옆을 지나가는 지렁이를 보고 이를 괴이하게 여긴 사람이 '보시오미:見, 물을미즈:水.'이라고 말한 데서 나왔다는 설이 있습니다.

라틴 어로는 무엇이든 먹어 치우는 지렁이를 지구의 창자라는 뜻의 '룸부리쿠스Lumbricus'라고 부르며, 영어에서는 땅에 있는 벌레라는 뜻으로 '어스

웜Earthworm'이라고 부릅니다.

지렁이의 독일어 이름인 '레겐부엄Regenwurm'도 '비가 올 때 말 없이 기어 다니는 벌레'라는 뜻이라고 합니다. 같은 듯 다른 지렁이 이름의 어원이 재미있지요?

2장 느릿느릿 지렁이 알아가기

지렁이는 대지의 청소부

지렁이는 무엇을 먹을까?

 앗, 박사님! 음식물 쓰레기는 분리수거 해야지, 왜 화단에 묻고 계세요?

 허허, 녀석 놀라긴. 난 지렁이한테 밥을 주고 있을 뿐이란다.

 네엣? 지렁이도 사람과 똑같은 음식을 먹나요?

 그럼~ 사람이 먹을 수 있다면 지렁이도 다 먹을 수 있지.

 박사님은 지렁이하고 밥을 나누어 먹는 셈이네요.

 그 외에 지렁이가 또 무엇을 먹는지 함께 알아볼까?

지금은 집에서 키우는 강아지나 고양이에게도 사료를 먹이지만 예전에는 사람이 먹다 남긴 음식을 주어 길렀습니다. 아직도 농촌에서는 사람과 음식을 나누어 먹으며 자라는 가축들이 있는데, 이렇게 하면 남은 음식을 버리지 않아 환경에 도움이 되고, 사료값도 절약할 수 있습니다. 지렁이는 썩는 물질이라면 무엇이든 다 먹을 수 있습니다. 땅에 떨어진 나뭇잎이나 식물의 줄기는 물론이고 개나 소 같은 가축의 똥, 가정에서 나오는 음식물 쓰레기, 심지어 종이나 헝겊까지도 가리지 않고 잘 먹습니다. 하지만 먹는 속도는 차이가 나는데 수박 껍질이나 토마토는 빨리 먹어 치우는 데 비해 신문지는 같은 양이라도 시간이 오래 걸립니다. 신문지는 잉크로 인쇄된 것이라 지렁이의 몸에 해로울 수 있으니 지렁이가 먹기 전에 치워 두는 것이 좋습니다.

얼마 전엔 끼고 일하던 면장갑을 화단에 벗어 놓았는데 지렁이가 다 먹어 치웠지 뭐냐.

 엑, 면장갑까지요?

흙과 모래도 먹는다고?

지렁이가 흙이나 모래를 먹기는 하지만 먹이로 섭취하는 것은 아닙니다. 이빨이 없는 지렁이는 먹이를 입으로 빨아들인 후 모래주머니에서 잘게 부수어 창자로 보냅니다. 이 모래주머니의 기능은 닭의 모래주머니와 비슷합니다. 닭의 모래주머니는 튼튼한 근육으로 되어 있어 모래와 먹이를 섞어 잘게 부숩니다. 지렁이에게도 두꺼운 근육질로 된 모래주머니가 있는데, 그 안에 있는 흙과 모래는 먹이를 잘게 부수고 갈아 소화를 돕는 작용을 합니다. 지렁이는 흙과 모래를 지속적으로 먹어 보충해 주어야 합니다. 먹이가 모래주머니에서 장腸으로 넘어갈 때 약간의 흙과 모래도 함께 내려가는데, 그러면 모래주머니의 흙과 모래가 부족해져 정상적인 기능을 할 수 없기 때문이지요.

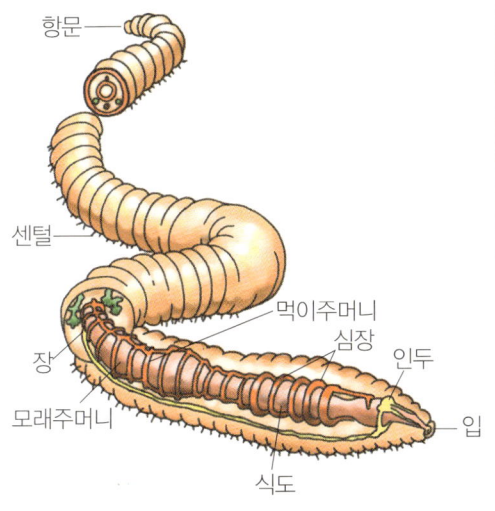

지렁이 소화 기관 명칭

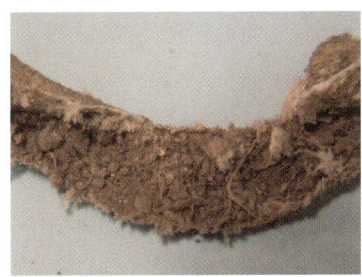

죽은 지렁이 체내의 소화되지 않은 흙과 유기물

입으로 삼킨 먹이는 위를 거쳐 먹이주머니_{소낭}와 모래주머니에서 잘게 부수어집니다.

지렁이의 인두_{먹이가 섭취되어 넘어가는 부위}에서는 약한 산성의 액이, 식도에서는 먹이에 포함된 산을 중화시키는 알칼리성의 액이 분비되어 소화를 돕습니다.

먹이는 먹이주머니와 모래주머니에서 잘게 부수어져 소화되며, 장을 통과하면서 다시 한 번 양분이 흡수됩니다. 장을 거친 후에도 소화되지 않은 먹이는 몸에서 분비된 효소들과 섞여 몸 뒤쪽에 있는 항문을 통해 배설됩니다.

아무 거나, 아무 때나 잘 먹나요?

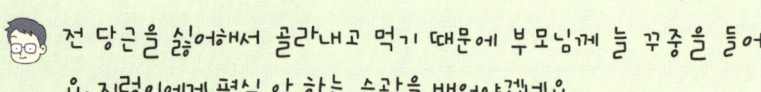

- 전 당근을 싫어해서 골라내고 먹기 때문에 부모님께 늘 꾸중을 들어요. 지렁이에게 편식 안 하는 습관을 배워야겠네요.
- 사실 지렁이도 편식을 한단다. 하지만 그건 입맛에 맞지 않기 때문이라기보다는 먹으면 몸에 해로운 음식이기 때문이지.
- 하아~ 당근도 몸에 해로운 음식이었으면 좋겠어요.

사람이 생명을 유지하는 데 반드시 필요하지만 몸 안에서 만들어지지 않기 때문에 음식물로 섭취해야 하는 필수 영양분이 있습니다. 탄수화물, 단백질, 지방, 무기질, 비타민 등이 그것이지요. 그중 단백질은 고기나 생선 등에 풍부하게 들어 있습니다.

그런데 사람이 먹는 음식이라면 무엇이든지 잘 먹는 지렁이에게도 고단백질 음식은 좋지 않습니다. 고단백질 음식은 모이주머니와 모래주머니에서 분해될 때 박테리아의 작용으로 산성화되는데, 이를 식도에서 중화시키지 못하면 발효가 일어나 이들 기관이 상하거나 파열되어 심한 경우에는 죽을 수도

있기 때문이지요.

또 지렁이가 단백질을 소화시킬 때는 암모니아가 발생하는데, 자극적인 질소 성분의 암모니아 가스가 지렁이 몸의 체액에 흡수되어 나쁜 영향을 줄 수도 있습니다. 자연에서 사는 지렁이는 암모니아가 발생하면 잠시 피했다가 다시 돌아와 생활할 수 있지만 제한된 공간인 사육장에서는 지렁이의 도피처를 따로 마련하기가 쉽지 않아서 서식 환경이 나빠지는 것을 막기 위해 단백질이 든 먹이의 양을 줄인답니다.

 공룡도 모래주머니가 있었대요

지금은 멸종한 디플로도쿠스Diplodocus와 카마라사우루스Camarasaurus는 양치식물과 겉씨식물을 먹고 사는 초식성 공룡입니다. 이빨이 맷돌처럼 생긴 소나 말과 달리 이들의 이빨은 원뿔 모양이라서 먹이를 씹거나 분쇄할 수가 없습니다. 그래서 이 공룡들은 돌을 삼켜 위 속에서 나뭇잎 등의 먹이를 잘게 부수어서 소화를 돕습니다. 이때 공룡이 삼킨 돌멩이를 '위석'이라고 합니다.

공룡의 위석(자료 출처:해남군청 다이노피아 홈페이지)

위석은 둥글고 부드러운 것보다는 날카롭고 거친 것이 더 효과적이므로 이들은 일정 시간이 지나면 먼저 삼켰던 돌을 토해 내고 뾰족하고 거친 새 돌멩이를 삼켰다고 합니다. 지금도 공룡이 살았던 많은 지역에서 공룡 화석과 함께 위석이 발견되고 있습니다.

> 지렁이는 언제 밥을 먹을까? 한번 맞춰 보렴.
>
> 음… 사람이 먹는 음식을 잘 먹는다고 해서 사람처럼 아침, 점심, 저녁으로 세끼를 먹는 건 아니겠죠?
>
> 만약 지렁이가 하루에 3번만 먹고 싶어 한다고 해도 먹이가 늘 있는 것이 아니기 때문에 그건 불가능할 거야.

자연에 사는 지렁이는 낮에는 빛을 피해 굴속에 머물러 있다가 밤이 되면 슬금슬금 먹이를 찾아 나섭니다.

밤새 찾아다니다 먹이를 발견하면 자신의 굴로 옮겨가 쌓아 놓고 두고두고 먹지요. 혹시 먹이를 찾지 못하더라도 먼동이 트기 전에는 반드시 자신의 굴로 다시 돌아옵니다.

비가 오거나 흐린 날에는 낮에도 지렁이를 볼 수 있습니다. 빛이 없기 때문에 마음 놓고 먹이를 찾아 돌아다니는 것이지요.

하지만 생활하기에 적당한 환경을 인공적으로 만들어 놓은 사육장에 사는 지렁이는 밤낮 없이 먹이를 찾아 돌아다닙니다.

온도만 적당하면 겨울잠이나 여름잠도 자지 않고 계속 활동을 하며, 먹이를 먹고는 잠깐 쉬거나 잠을 자고, 다시 일어나 먹는 행동을 쉴 없이 반복합니다.

겨울잠도 자고 여름잠도 잔다고?

개구리나 뱀처럼 주변의 온도에 따라 체온이 변하는 변온동물들은 추워지면 에너지의 소비를 줄이기 위해 겨울잠을 잡니다. 악어나 개구리, 달팽이, 도롱뇽 등은 여름에 너무 더워 서식 환경이 나빠지면 잠을 자면서 체내에 비축한 지방을 천천히 소비하여 영양과 물을 공급받지요. 하지만 지렁이가 겨울잠과 여름잠을 자는 이유는 이들과 조금 다릅니다.

지렁이도 변온동물이기는 하지만 삶의 터전은 땅속입니다. 아무리 더운 여름이라도 땅속 기온이 치명적인 정도로 올라가지는 않으며, 이는 겨울에도 마찬가지입니다. 그렇다면 지렁이가 여름잠과 겨울잠을 자는 진짜 이유는 무엇일까요?

피부 호흡을 하는 지렁이는 피부의 물기를 유지하는 것이 절대적으로 필요합니다. 겨울이 되어 기온이 영하로 떨어지면 피부의 물기를 이용해 공기 중의 산소를 흡수하던 지렁이는 숨을 쉬는 것이 힘들어져서 모든 신체 활동을 멈추고 땅속으로 들어가 겨울잠을 잡니다.

여름에도 마찬가지입니다. 기온이

서로 뭉쳐 있는 지렁이들

오르면 물기가 수증기로 증발하는데, 이러한 상태에서 몸이 노출되면 피부의 수분이 증발해 버려 지렁이는 숨을 쉴 수 없게 됩니다. 본능적으로 이러한 사실을 아는 지렁이는 날씨가 너무 춥거나 더우면 활동을 멈추고 길게 잠을 자며 자신의 생명을 지키는 것입니다.

겨울에 기온이 내려가면 여러 마리의 지렁이들이 무리를 지어 서로 몸을 밀착시켜서 열의 발산을 줄이는데, 꿀벌에게서도 비슷한 모습을 볼 수 있습니다.

지렁이는 먹이를 얼마나 먹을까?

 박사님, 먹이를 너무 많이 주시는 거 아니에요? 지렁이가 체하겠어요.

 하하, 지렁이가 체하다니? 걱정 마라. 지렁이는 몸은 작아도 대식가니까. 비율로 따지면 지구 상에서 가장 큰 동물이었던 공룡보다도 많이 먹는 셈이란다.

지렁이는 보통 자기 몸무게만큼 먹는 것으로 알려져 있습니다. 양식하는 줄지렁이 한 마리가 1년 동안 먹는 먹이의 양은 약 150그램이나 됩니다. 몸은 작고 여려 보이는 지렁이지만 먹이를 먹어 치우는 모습은 바다의 포식자 불가사리에 뒤지지 않습니다.

동물들이 하루에 먹는 먹이의 양은 대부분 자기 몸무게의 10퍼센트 미만입니다. 닭이나 토끼는 제 몸무게의 4퍼센트 정도 무게의 먹이를 먹으며, 개는 5퍼센트 미만을 먹는데, 그마저도 물을 제외하면 2퍼센트 정도라고 합니다.

밀림의 제왕 사자는 하루 8킬로그램 정도를 먹는데 비율로 따지면 자기 몸무게의 2퍼센트입니다.

동물들의 먹이 섭취량

덩치가 커서 멸종하고 말았다는 공룡 티라노사우루스는 80킬로그램쯤 먹었는데 이는 자기 몸무게의 1.15퍼센트 정도라고 하니 지렁이가 하루에 먹는 먹이의 양이 얼마나 많은 것인지 짐작할 수 있습니다.

그러면 대식가인 지렁이가 먹이를 소화시키는 시간은 얼마나 걸릴까요? 먹이를 먹고, 분해와 흡수를 거쳐 배설까지 모든 소화 과정을 거치는 데 걸리는 시간은 대략 12~20시간 정도입니다.

사람의 기준으로는 실제로 지렁이가 먹는 양이 많아 보이지 않지만 매일 자신의 몸무게만큼씩 먹으려면 탁월한 소화 능력이 필요합니다. 그래서 소화관에서는 여러 가지 효소를 분비하여 왕성한 식욕을 가진 지렁이의 소화를 돕습니다.

지렁이가 분비하는 소화 효소의 종류가 모두 밝혀진 것은 아니지만 현재까지 알려진 것은 리파아제, 프로타아제, 아밀라아제, 셀룰라아제, 레닌 등입니다.

보통의 동물들은 단백질과 탄수화물을 분해하기 위해 강한 산을 분비하지만 지렁이의 몸에는 산을 분비하는 샘이 없기 때문에 흙이나 먹이 속에 섞여서 장으로 들어온 박테리아가 그 작용을 대신합니다. 박테리아는 유기물을 발효시키거나 부식시키기 때문에 강한 산을 대신할 수 있습니다.

지렁이는 힘이 천하장사

몸집에 비해 많은 양의 먹이를 먹어 치우는 지렁이는 덩치가 작아도 힘은 세어서 먹이를 들어 올리거나 이동시키는 데 엄청난 힘을 발휘합니다.

나이트크롤러night crawler라는 이름의 야생 지렁이는 몸무게가 약 2.2그램에 불과하지만 그 25배 무게의 먹이도 들어 올려 움직일 수 있습니다.

사람을 여러 명 싣고 다니는 코끼리도 자기 몸무게의 5분의 1정도밖에 들어 올릴 수 없습니다.

올림픽에서 금메달을 따는 역도 선수는 자기 몸무게의 3배를 들기 힘들고, 개미도 자기 몸무게의 5배 정도만 들어 올릴 수 있다고 합니다.

나이트크롤러의 힘을 사람에 비유하면 몸무게 70킬로그램인 사람이 약 1,750킬로그램의 짐을 들어 올리는 셈이니 지렁이를 천하장사라고 불러도 손색이 없겠지요?

대식가 지렁이는 똥을 얼마나 눌까?

 지성아 너도 편식하지 말고 지렁이처럼 무엇이든 많이 먹도록 해. 그럼 지렁이만큼 힘이 세어질지 아니?

 그렇게 많이 먹었다가는 배탈이 나서 하루 종일 화장실만 들락날락 할 걸요?

 하핫, 네 말이 맞아. 지렁이도 많이 먹은 만큼 똥을 많이 눈단다. 먹이를 소화시켜 영양분을 얻은 후 배설하는 찌꺼기가 바로 똥이니까 똥의 양은 먹는 양에 비례할 수밖에 없지.

지렁이는 미처 소화되지 않은 먹이와 광물질, 체내에서 분비된 효소, 장에서 분비된 암모니아 등이 섞여 있는 똥을 몸 뒤쪽의 항문을 통해 배설합니다. 이것이 바로 지렁이의 똥인 분변토casting 입니다.

분변토는 유기 농법에서 비료로 이용되는데, 유기 농법이란 동물의 사체나 식물을 썩혀 만든 거름을 이용해 무공해 농작물을 생산하는 친환경 농사 방법을 말합니다.

지렁이는 대체로 먹은 양의 절반 정도를 배설한다고 합니다. 한 마리의 지렁이가 1년 동안 섭취하는 먹이의 양은 약 150그램 정도이므로 그 절반인 75그램 정도를 배설하는 셈이지요. 그런데 배설된 지렁이의 똥은 수분이 증발하면서 무게가 줄어들기 때문에 1년에 얻을 수 있는 분변토의 양은 약 40그램 정도랍니다.

 지렁이 똥으로 만든 탑

지렁이는 자기가 사는 굴속에 똥을 누는 것이 아니라 굴 밖에 배설하기 때문에 지렁이 굴이 있는 땅의 표면에서는 똥이 쌓여 있는 것을 발견할 수 있습니다.

지렁이의 똥인 분변토가 계속 쌓이면 굴뚝이나 탑 같은 모양이 됩니다.

이 탑의 크기와 규모는 지렁이의 종류에 따라 매우 다양한데, 아프리카의 나이지리아에 사는 하이페리오드릴러스 Hyperioidrilus africanus라는 지렁이는 지름 1~2센티미터, 높이 2.5~8센티미터 정도의 자그마한 탑을 쌓는 반면 미얀마에 사는 노토콜렉스 Notoscolex 종류의 지렁이는 지름 4센티미터, 높이 20~25센티미터, 무게 1.6킬로그램에 달하는 큰 탑을 만들기도 합니다.

탑처럼 쌓아 올린 지렁이 분변토

지렁이 똥은 보물

지렁이 똥은 왜 검은색일까?

- 자, 여길 보렴. 이게 바로 지렁이가 만든 분변토란다.

- 그냥 검은 흙처럼 보이는 걸요.

- 지렁이가 먹이로 삼는 동물과 식물의 사체, 배설물 등의 유기물은 분해되면 검은색이 되거든.

- 사람도 그런 걸 먹지만 사람의 똥 색깔은 검은색이 아니잖아요.

- 사람의 똥은 쓸개즙에 있는 색소 때문에 누런색을 띠는 거야.

- 빨간 사과를 먹으면 빨간색 똥, 초록색 오이를 먹으면 초록색 똥을 누면 재미있을 텐데.

- 그래, 만약 네 말대로 된다면 똥이 더럽다는 생각도 조금은 줄어들지 모르지.

유기물이 박테리아 등 미생물에 의해 분해되면서 흙과 같이 변화된 물질을 부식腐植이라고 하는데, 대개 검은색을 띠는 이 물질은 양분으로 바로 흡수될 수 있는 상태이므로 비료로서 효과가 좋습니다. 지렁이가 먹이를 먹으면 장내에서 미생물의 도움을 받아 부식 물질로 변환되므로 지렁이의 똥은 검은색을 띱니다.

 쓸모 있는 동물의 똥

바닷새가 무리지어 있는 해변에서는 새들이 배설해 놓은 똥이 쌓여 퇴적물을 이룬 것을 쉽게 볼 수 있습니다. 이를 구아노guano, 鳥糞石라고 하는데, 요산과 인산염이 풍부하게 포함되어 있어 비료로 좋습니다. 어류와 파충류, 포유류 등의 똥 화석도 간간이 발견되는데 이것을 분석糞石이라고 합니다. 분석을 연구하면 그 주인의 식성이나 항문의 생김새를 추정할 수 있기 때문에 과거 동물의 생태를 연구하는 데 귀중한 자료가 됩니다.

지렁이의 분변토

땅을 살리는 지렁이

 아~ 그래서 지렁이 똥이 비료로 사용되는 거로군요. 하지만 알고 보니 찝찝해요. 똥 대신 화학 비료를 쓰면 편하고 깨끗할 텐데.

 화학 비료는 편리하기는 하지만 땅을 오염시키고 건강에 나쁜 영향을 끼치지. 반면 지렁이는 분변토를 만들어 땅을 기름지게 하고, 음식물 쓰레기도 처리해 주니 일거양득 아니냐?

오래 전 그리스의 유명한 철학자인 '아리스토텔레스Aristoteles, 기원전 384~322'는 지렁이의 생태학적 가치를 인정하여 "지렁이는 대지의 창자"라고 말했다고 합니다. 지렁이는 땅 위에 생겨나는 온갖 쓰레기를 먹어 청소를 하는 동시에 영양가 높은 분변토를 배설물로 내놓습니다. 인류가 생겨나기도 전에 출현하여 대지의 흙을 끊임없이 순환시키는 고맙고도 대단한 지렁이에게 그러한 호칭은 지나침이 없습니다.

우리나라의 경상남도 남해군에서는 지렁이로 쓰레기 처리 시설을 만들어 실생활에 활용하고 있답니다.

지렁이를 이용한 쓰레기 처리 시설

그것뿐만이 아니야. 지렁이는 움직이는 것만으로도 식물을 돕는단다.

 그게 무슨 뜻이에요?

    수건을 만졌을 때보다 스펀지를 만졌을 때 느껴지는 감촉이 더 부드럽고 폭신하지요? 그 이유는 스펀지에 공간이 더 많기 때문입니다. 흙도 마찬가지입니다. 만약 흙이 돌처럼 단단하다면 빗물과 공기가 스며들지 못해 생명이 살 수 없으므로 당연히 식물도 뿌리를 내리기 어렵습니다.

    지렁이는 수많은 굴을 뚫어 땅속을 스펀지처럼 만듭니다. 지렁이가

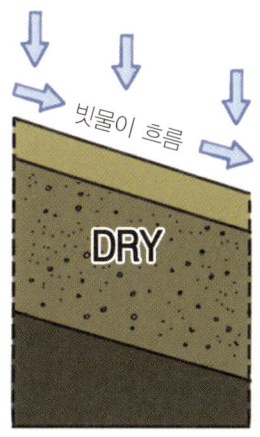

지렁이가 살지 않는 땅

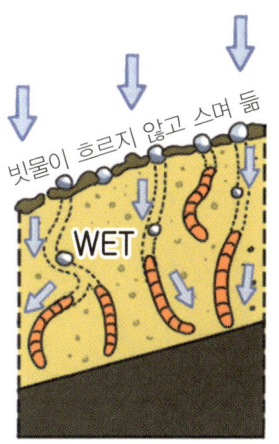

지렁이가 사는 땅

사는 흙에는 지렁이가 만들어 놓은 굴이 수평과 수직으로 복잡하게 얽혀 있습니다. 지렁이가 많이 살고, 활발하게 활동할수록 굴이 많아져 부드럽고 습기가 적당하며 식물이 자라기 적합한 땅이 되는 것입니다.

지렁이가 가축이라고?

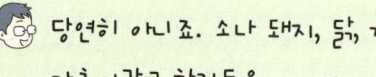

퀴즈 하나 낼 테니 맞춰 보렴. 지렁이는 가축일까, 가축이 아닐까?

당연히 아니죠. 소나 돼지, 닭, 개처럼 사람이 집에서 기르는 동물을 가축이라고 하거든요.

땡~! 지렁이가 가축이 아니라면 내가 그런 문제를 냈겠니? 흠흠.

첫... 그냥 내버려 둬도 땅속에서 잘 사는 지렁이가 도대체 왜 가축이라는 거죠?

'가축' 이라는 말의 사전적인 의미는 지성이도 잘 알고 있군요. 하지만 2004년에 가축의 법적인 의미를 '사육이 가능하고 농가의 소득 증대에 기여할 수 있는 동물' 로 정의하면서 지렁이도 가축에 포함되었습니다.

덕분에 지렁이를 키우는 농가에서는 지렁이 먹이를 쉽게 구할 수 있게 되었고, 필요한 시설을 짓는 비용도 나라에서 지원을 받을 수 있게 되었습니다. 뿐만 아니라 조합이나 사단법인을 만들어 단체 활동을 할 수도 있고, 태풍과 같은 재해를 입으면 보상도 받을 수 있게 되었습니다. 최근 농가에서는 지렁이를 사육하여 판매함으로써 소득을 올리고, 수출을 통해 외화도 벌어들이고 있습니다.

 야생 동물에서 가축이 된 동물은 무엇이 있을까?

야생 동물을 가축으로 길들이기까지는 수천 년 이상의 오랜 세월이 걸린다고 합니다. 공격성과 도피성, 스트레스에 대한 민감성 등 야생 동물의 특성이 여러 세대에 걸쳐 교배를 반복하며 순화되어야 하기 때문입니다. 지구 상에 포유동물은 5000여 종이 있는데 인류가 가축으로 만든 것은 개를 비롯해 소, 말, 돼지, 염소, 양, 야크, 토끼, 낙타, 라마, 물소, 순록 등 20여 종밖에 되지 않습니다. 9000여 종에 이르는 조류도 가축으로 길들인 것은 닭, 오리, 칠면조, 거위, 메추라기 등 소수에 불과합니다.

 지렁이는 쓰레기를 먹어 없애고 땅을 기름지게 할 뿐만 아니라 생활이 어려운 농민들까지 살리고 있는 셈이지.

 헤헷, 정말 지렁이는 대단하군요.

다윈과 지렁이

🧔 지성이 너 "찰스 다윈(1809~1882)"이라는 이름 들어 본 적 있니?

👨 당연하죠. 『종의 기원』을 쓰고 진화론을 주장했던 사람이잖아요.

🧔 흠, 제법인걸? 그렇다면 다윈이 지렁이를 연구했다는 사실도 알고 있겠구나?

👨 아뇨, 처음 듣는 얘기인데요?

🧔 어느 날 고대 유적지를 여행하던 다윈은 문득 의문이 떠올랐단다. '옛날 사람들도 땅 위에서 생활을 했을 텐데 왜 유물은 땅속에서 발굴될까?' 그 이유를 밝히기 위해 정원에 돌을 놓고 몇 년 후 확인해 보았더니 돌이 땅속으로 들어가 묻혀 있었다는구나. 이 돌을 40년 뒤에 다시 관찰하니 처음보다 더 깊은 곳에 자리 잡고 있었지.

👨 그게 지렁이 때문이었다고요?

🧔 다윈은 지렁이가 땅속의 흙과 먹이를 먹고 땅 위로 배설하면서 땅 위에 있던 흙이나 돌이 아래로 점점 묻혀 간다는 걸 그 실험으로 밝혀냈단다.

👨 실험 하나에 40년이나 걸리다니… 과학자는 아무나 하는 게 아닌가 봐요.

바다에서 증발한 물은 구름이 되어 하늘을 떠다니다가 비가 되어 땅에 내려온 후, 하천과 강이 되어 다시 바다로 흘러들어 가는 순환 과정을 되풀이하면서 지구 생태계에 필요한 물을 공급합니다.

흙도 마찬가지입니다. 땅속에 있던 흙이 땅 위로 올라오고 땅 위의 흙이 아래로 내려가는 순환 과정이 오랜 시간 동안 천천히 이루어져 아래에 있던 영양분을 식물에게 공급하는 것입니다.

지렁이는 자신의 삶을 열심히 사는 것으로 자연 생태계에서 흙의 양분 순환이라는 중요한 역할을 맡고 있습니다. 지렁이가 먹이를 먹을 때 함께 먹은 흙은 소화 기관을 거쳐 땅 위에 배설됩니다. 흙이 있던 공간은 위쪽의 흙이 내려앉아 채우며, 이러한 일이 반복되면서 아래쪽 흙과 위쪽 흙이 오랜 시간에 걸쳐 순환됩니다. 지렁이는 토양의 위치와 성분을 바꿔 땅에 산소를 공급하고 양분을 순환시키는 중요한 역할을 하고 있는 것입니다.

불교에서 지렁이를 이르는 말은?

불교에서는 지렁이를 벌레 충(蟲) 자 옆에 착할 선(善) 자를 붙여 선(蟮)이라고 합니다. 착한 일을 하는 벌레라는 뜻이지요. 불교에서는 지렁이가 비록 땅속에 사는 미물이지만 묵묵히 자연의 청소부 역할을 하면서 땅을 이롭게 하는 유익한 동물이라는 사실을 오래전부터 알고 있었던 것입니다.

지렁이는 성실한 농부

지렁이가 많은 땅에 정착해 농사를 지었어요

 지성아, 이거 한번 먹어 보렴. 내가 직접 화단에서 기른 토마토란다.

 우아~ 정말 싱싱하네요! 마당의 화단에서 기른 거 맞아요?

 물론이야. 이것도 다 지렁이 덕분이지. 지렁이가 많이 사는 땅에선 농사도 잘 되거든.

아주 오래전 먹을거리를 찾아 이리저리 떠돌아다니던 인류는 농사 짓는 법을 알게 되면서 정착 생활을 시작했습니다. 일단 정착하면 떠나기 힘들고, 곡식의 생산량은 생존에 직접 연관이 있으므로 정착하기 적당한 장소를 찾는 일은 매우 중요했습니다.

비옥한 땅을 찾던 사람들은 여러 번의 시행착오를 통해 지렁이가 많은 땅에서 농사가 잘 된다는 사실을 알게 되었습니다.

그러면 지렁이와 농사는 어떤 관계가 있을까요? 지렁이는 물이 없으면 살 수 없는 동물이므로 주변에 늘 적당한 물이 있습니다. 또 동물의 똥, 식물의 잎과 줄기, 동식물 사체 등 유기물을 먹이로 삼는 지렁이가 있는 곳이라면 작물에 필요한 영양분이 풍부하다는 뜻이며, 지렁이의 똥인 분변토도 농사에 큰 도움이 된답니다. 그래서 인류는 지렁이가 많은 곳을 정착지로 삼았던 것입니다.

토양 오염도 지표 동물 지렁이

 지렁이는 토양의 성분에 민감하게 반응하기 때문에 토양 오염도 지표 동물로 이용되고 있지.

 지표 동물이 뭐예요?

지렁이는 중금속, 농약, 살충제와 같은 유해 물질이 토양에 유입되면 살 수 없기 때문에 땅속의 오염 상태를 나타내는 지표로 이용됩니다. 해로운 물질이 자신의 삶의 터전인 토양에 스며들면 지렁이는 그 땅에서 도망을 치거나 죽게 됩니다. 또 화학 물질은 물론 공장의 폐수, 지표수나 지하수 등의 오염에도 영향을 받기 때문에 지렁이의 상태를 보고 해로운 물질의 범위를 확인할 수 있다고 합니다.

지표 동물이란?

환경의 상태를 알아보기 위한 기준이 되는 동물을 말합니다. 예를 들어 카나리아는 품종이 다양하고 지저귀는 소리가 아름다워 관상용으로 키우는 새이지만 탁한 공기에 민감한 특성을 갖고 있어 대기가 오염된 지역을 찾아내는 지표 동물로 이용되기도 합니다. 19세기 유럽의 탄광에서는 갱 안으로 들어갈 때 맨 앞에 선 사람이 카나리아 새장을 들고 들어갔는데, 카나리아가 울음을 멈추거나 횃대에서 떨어지면 공기 중에 해로운 가스가 있다는 뜻이므로 광부들이 대피했다고 합니다.

지렁이 농업이란 무엇일까?

 그럼 지렁이가 없는 곳은 피하고 많이 사는 곳을 찾아 농사를 지으면 되겠네요.

 지렁이가 있는 곳을 찾아다닐 뿐만 아니라 지렁이를 적극적으로 이용해 농작물을 재배하는 '지렁이 농업'도 있단다.

 아하, 식물에 이로운 지렁이의 분변토를 이용하는 거군요?

 밭에서 키우는 지렁이는 땅속에 굴을 파서 농작물이 깊이 뿌리내릴 수 있도록 돕고, 빗물과 공기가 땅속까지 잘 스미도록 한단다. 네 말대로 분변토는 영양분까지 제공하고.

 하지만 그런 방식으로 농사짓는 걸 본 적이 없는 걸요.

아직 우리나라는 시작 단계에 머물러 있지만 미국이나 호주, 쿠바 등에서는 꽤 오래되었지. 지렁이의 특성을 이용하면 사막을 풀이 자라는 땅으로 만들 수 있을지도 몰라.

 정말 그런 일이 가능해요?

지렁이를 옮겨 살게 한다고 해서 토양이 바로 비옥해지는 것은 아닙니다. 그 효과가 나타나려면 지렁이가 그 땅에 정착해 증식할 시간이 필요하기 때문이지요. 오스트레일리아의 갤럽C. Callop이라는 사람은 그 시간이 최소한 4년 정도는 걸린다고 말했습니다.

①땅을 갈고 유기물을 뿌린다.

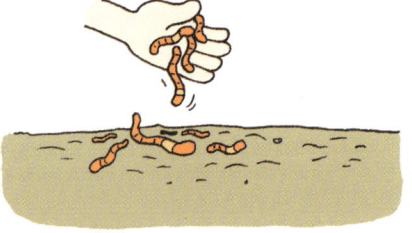

②지렁이를 옮겨 살게 한다.

③지렁이의 수가 늘어난다.

④식물이 잘 자란다.

첫해에는 먹이를 골고루 뿌려 유기물을 풍부하게 만들고, 이듬해에 지렁이가 모여들게 하거나 사람이 직접 지렁이를 옮겨 살도록 하면 3년째에는 지렁이의 개체 수가 늘어나고, 4년째에는 지렁이의 활동으로 지력농사를 지을 수 있는 땅의 힘이 생겨 농사가 가능해진다는 것입니다.

 지렁이가 땅속에 굴을 파는 깊이는?

지렁이 굴의 깊이는 종류에 따라 다릅니다. 나이트크롤러와 같은 야생 지렁이류는 지표면으로부터 2~6미터 정도의 깊은 굴을 파고 사는 데 비해 양식을 하는 지렁이는 대부분 30~50센티미터 이내에 삽니다.

지렁이는 서식지에 따라 토양의 표층 근처에서 유기 물질을 섭취하며 사는 지표층 지렁이, 토양의 얕은 표면이나 지표면에 근접해 생활하는 지표면 지렁이, 땅속 깊은 곳에 반영구적인 굴을 파고 사는 지중 지렁이 등 3종류로 구분할 수 있습니다.

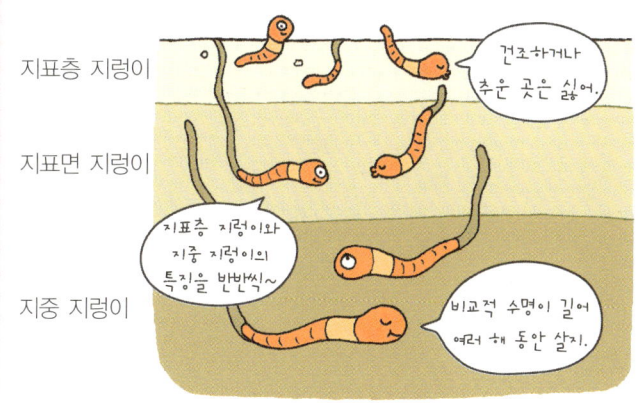

생활 환경과 관리 방법에 따라 걸리는 시간이 달라질 수는 있겠지만 오랜 시간에 걸쳐 노력한다면 사막이 초원으로 바뀌는 것도 불가능한 일만은 아니겠지요.

씨알 구조로 되어 있는 지렁이의 똥

 지렁이 똥은 모양이 참 독특해요. 작은 알갱이들이 몽글몽글 모여 있잖아요.

 자세히 들여다봤구나. 그걸 씨알 구조라고 하는데, 덕분에 식물이 자라는데 좋지.

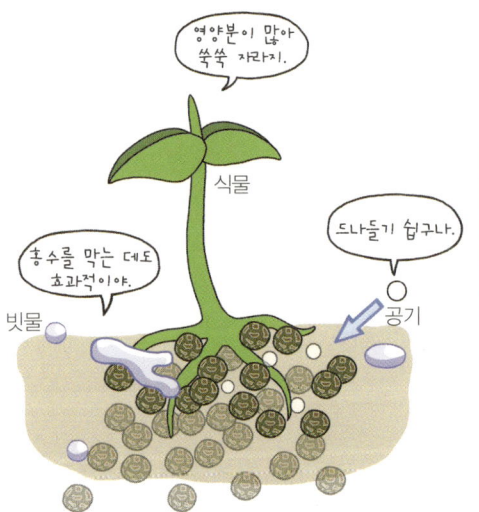

지렁이 분변토

미세한 분말 모양의 지렁이 똥은 마치 곡식의 씨가 모여 있는 것 같다고 해서 씨알 구조crumb structure라고 합니다.

지렁이를 이용해 식물을 키우는 생태 화분

하나하나의 알갱이가 모여 덩어리를 이룬 형태이기 때문에 알갱이 사이에 크고 작은 틈이 많아 공기와 물이 잘 통하고, 머물러 있을 수도 있습니다.

이 독특한 구조 덕분에 공기와 물뿐만 아니라 영양까지 풍부하게 포함하고 있어 미생물이나 토양 생물이 왕성하게 활동할 수 있고 식물에게도 좋은 환경을 제공합니다.

씨알 구조로 되어 있는 지렁이의 분변토가 토양에 많이 섞이면 흙 속에 포함된 공기의 비율이 높아져 토양의 공기 함유량을 증가시킵니다. 분변토에는 점토, 유기물, 칼슘, 철, 산화알루미늄, 토양 미생물의 분비물, 균사, 식물 뿌리 등이 미세하게 얽혀 있어 농작물에 매우 유익합니다.

분변토 실제로 이용하기

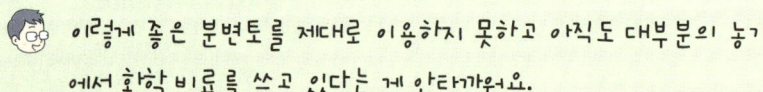

이렇게 좋은 분변토를 제대로 이용하지 못하고 아직도 대부분의 농가에서 화학 비료를 쓰고 있다는 게 안타까워요.

너와 똑같은 생각을 한 사람들이 있단다. 그래서 분변토를 비료로 만들고, 분변토액을 추출해 사용하기도 하지.

땅 위에 흩어져 있는 지렁이의 똥을 일일이 모으려면 너무 힘들겠어요.

자연에 흩어져 살고 있는 지렁이의 배설물을 수거해 농사짓는 데 이용한다는 것은 매우 어려운 일입니다. 그래서 비료로 사용되는 분변토는 수많은 지렁이가 일정한 공간에서 사육되는 지렁이 사육장에서 얻습니다.

분변토에는 수분이 많고 이물질이 섞여 있기 때문에 건조와 선별을 거쳐 포장한 다음 비료로 판매됩니다.

분변토액이란 지렁이 사육장 바닥에 고인 물을 모아 물거름으로 만든 것을 말합니다.

지렁이가 대량으로 서식하는 사육상에 먹이를 주고, 습도 조절을 위해 물을 뿌리면 바닥으로 물이 흘러 고이게 됩니다. 이 물에는 분변토나 먹이에 포함되어 있던 영양분과 지렁이 체액이 녹아 있어 식물에 뿌려 주면 물거름과 같은 효과가 있습니다.

지렁이 체액을 직접 추출하는 방법도 있습니다. 일정량의 지렁이를 용기에 담고 온도를 섭씨 0~5도로 낮추거나 37~40도로 높이면 지렁이는 자신을 보호하기 위해 본능적으로 체액을 분비하는데 이것을 받아 물에 희석하여 물거름으로 사용합니다.

 그건 나빠요! 지렁이를 괴롭히는 거잖아요!

 물론 네 말이 맞아. 지렁이가 스트레스를 많이 받겠지. 그래서 체액을 분비해 탈진한 지렁이는 사육상으로 돌려보내 안정을 찾도록 한단다. 필요에 의해 이용하기는 했지만 죽도록 방치하면 안 되겠지. 작은 생물이지만 지렁이도 소중한 자연의 일부이고, 인간은 자연과 더불어 사는 존재니까.

오스트레일리아 등에서는 화학 비료를 전혀 사용하지 않고 지렁이 체액으로 만든 물거름만으로 품질이 좋은 과일을 생산하는 과수원들이 있습니다. 우리나라에도 최근 유기 농업이 많이 보급되었지만 지렁이

물거름을 사용하는 곳은 아직 없다고 합니다. 환경에도 이롭고 사람의 몸에도 좋은 지렁이 농사법은 발전 가능성이 큰 분야이므로 우리도 더 관심을 갖고 발전시켜 나가야 하겠지요.

② Chapter tip

아바나의 작은 농부

중앙아메리카의 섬나라 쿠바의 수도는 아바나입니다. 아바나는 긴 역사를 지닌 도시로, 1514년에 건설이 시작되어 1607년에 수도가 되었습니다. 현재 쿠바 국민의 20퍼센트 정도가 아바나에 거주하고 있다고 합니다. 아메리카 대륙에서 가장 오래된 도시 아바나가 20세기 후반부터는 '도시 농업'으로 새롭게 알려지고 있습니다.

쿠바에서는 도시 농업과 유기 농업에 대해 학교 교육에서도 중요하게 다룹니다. 초등학교에는 자연과 농업을 배우는 통합 학습 시간이 마련되어 있고, 급식에도 도시 농가로부터 공급받는 유기농 채소가 사용됩니다. 쿠바 정

지렁이를 이용한 유기 농업

부에서는 개인에게 싼 가격으로 소규모의 땅을 임대해 주어 도시 농업을 지원합니다.

　쿠바의 도시 농업은 밭을 갈아 씨를 뿌리는 대신 말구유나 상자에 흙을 담아 재배하는 방식을 사용하기 때문에 공터나 학교 운동장 등의 자투리 공간을 효율적으로 활용할 수 있습니다. 이렇게 만들어진 작은 '흙 상자'에서는 흔히 미생물이나 지렁이의 분변토가 퇴비의 역할을 합니다. 덕분에 쿠바에서 지렁이는 '도시의 농부'로 인식되며, 먹을거리를 자급하고 폐기물도 처리하는 자원 순환형 사회를 만드는 데 일조하고 있습니다.

3장 꿈틀꿈틀 지렁이와 친해지기

지렁이와 놀자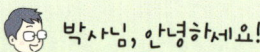

지렁이가 돌아다니면 비가 올까?

- 박사님, 안녕하세요!
- 에구, 깜짝이야. 너 잔뜩 신이 났구나. 뭐 좋은 일이라도 있냐?
- 헤헤, 지렁이하고 노는 게 재미있어서 그럴죠. 그래서 말인데 박사님께 부탁이 하나 있어요.
- 부탁? 왠지 겁나는 걸. 먼지 얘기해 보렴.
- 박사님 마당 구석에 있는 작은 화단에 저도 지렁이를 길러 보면 안 될까요?
- 별로 좋은 생각은 아닌 것 같은데. 네가 잘 할 수 있을까? 또 공부에 방해가 된다고 부모님도 싫어하실 게야.
- 박사님~ 부탁할게요~

음… 그럼 이렇게 하자. 첫째, 지렁이의 생명을 늘 소중히 여길 것, 둘째, 지렁이 관찰 일기를 쓸 것. 이 두 가지만 약속한다면 지렁이를 키우는 걸 허락하마.

 얏호~ 고맙습니다, 박사님. 약속은 꼭 지킬게요.

 마침 장마철이니 지렁이를 관찰하기 딱 좋구나. 오늘부터 시작하렴.

어른들이 '지렁이가 나온 걸 보니 비가 오겠구나.'라고 말하는 것을 들은 적이 있나요? 우리 선조들은 아주 오랜 옛날부터 그렇게 믿었는

데, 이는 꽤 과학적인 이야기입니다. 피부 호흡을 하는 지렁이는 주로 빛이 없고 습기가 많은 밤에 돌아다니지만, 흐리거나 비가 내리면 공기 중에 습기가 많아지고 어두워 낮에도 활동할 수 있습니다. 지렁이가 낮에 나왔다면 비가 왔거나 곧 비 오기 전의 흐릴 때입니다. 그래서 사람들은 비 오기 전에 돌아다니는 지렁이를 보고 지렁이가 나오면 비가 온다고 생각했던 것입니다.

 지렁이 잡기 대회

영국 중서부의 낸트위치라는 곳의 한 초등학교에서는 매년 학교 잔디밭에서 지렁이 잡기 대회를 개최합니다. 20여 년 전통의 이 대회에서는 한 사람당 주어진 사방 3미터 넓이의 잔디밭에서 30분 동안 가장 많은 지렁이를 잡는 사람이 우승하게 됩니다. 이 대회에 참가하기 위해 영국 전역에서 모인 사람들은 땅속에 음악을 들려주거나 땅에 진동을 주는 등 온갖 장비를 동원해 지렁이를 잡는데, 재미있는 아이디어가 많이 등장합니다. 이 대회에서 현재까지 가장 많이 지렁이를 잡은 사람은 무려 511마리를 잡았으며, 이 기록은 기네스북에도 올라 있다고 합니다.

지렁이 잡기 대회(영국 낸트위치)

🧑 만약 지렁이가 햇빛을 쬐면 어떻게 되나요?

👨 자외선에 약한 지렁이는 햇빛을 피해 그늘로 도망치며 최대한 빨리 흙 속으로 들어가고 싶어 한단다. 하지만 5분 이상 햇빛에 노출되면 피부의 수분이 증발해 죽고 말아.

🧑 지렁이는 요즘 행복하겠어요. 비도 많이 오고 햇빛도 없으니까요.

👨 그렇지. 지렁이가 피부의 수분을 유지하기 위해서는 흙 속의 수분이 약 70~80퍼센트, 대기 중의 습도는 85~90퍼센트 정도가 되어야 적당한데 그게 보통 장마철의 습도란다.

🧑 헤헤~ 장마철이 가기 전에 실컷 지렁이를 관찰해야겠어요.

   지렁이는 땅속 굴의 공기 중에 있는 산소를 피부로 흡수하며 살아갑니다. 비가 와서 굴이 공기 대신 물로 가득 차더라도 물에 녹아 있는 산소를 흡수해 숨을 쉴 수 있습니다.

   그러면 숨을 쉬기 위해 밖으로 나가지 않고도 살 수 있을까요? 아닙니다. 어느 정도까지는 물속의 산소를 이용하여 호흡할 수 있지만 시간이 지나면 물속

의 산소는 줄어들고 지렁이가 내어 놓은 이산화탄소가 물과 반응해 탄산이 만들어집니다. 탄산의 농도가 높아지면 굴속 물은 산성을 띠게 되므로 지렁이가 견디기 힘든 환경이 됩니다. 그래서 지렁이는 숨을 쉬기 위해 굴 밖으로 나오는 것입니다.

모래나 재를 왜 싫어할까?

박사님, 지렁이들이 없어졌어요! 어떻게 된 거죠?

장마철이라 땅 위로 나왔다가 돌아오지 않은 모양이구나.

으앙~ 그럼 이제 어떻게 해요? 겨우 한두 마리밖에 남지 않았다구요.

내 화단에 있는 녀석들을 옮겨 주마. 앞으로는 화단 주변에 모래나 재를 뿌려 놓도록 해.

지렁이는 피부로 호흡을 하고, 이동할 때도 피부 근육을 움츠렸다 늘렸다를 반복하며 움직이므로 늘 피부가 촉촉이 젖어 있어야 합니다. 그런데 마른 모래나 재는 습기가 있는 몸에 잘 달라붙습니다. 지렁이의 피부에 모래나 재가 묻으면 수분을 빼앗겨 건조해져서 호흡은 물론 운동도 할 수 없고, 결국 말라 죽게 됩니다.

헉, 그러면 화단에서 나와 모래를 만난 지렁이들은 죽게 되잖아요?

 걱정 마라. 모래나 재를 축축하게 해 놓으면 그것이 몸에 묻더라도 지렁이는 죽지 않아. 게다가 멀리 움직이지 못하기 때문에 쉽게 찾을 수 있을 거야.

지렁이는 날씨가 흐리면 굴 밖으로 나와 이리저리 돌아다니다가 햇빛이 나오면 재빨리 숨는데, 행동이 재빠르지 못해 죽는 경우도 있습니다.

이렇게 말라 죽은 지렁이는 피부 표면이 말라 검은색을 띠는 반면 건조한 흙이나 모래가 달라붙어 숨을 쉬지 못해 죽은 지렁이는 몸에 흙이나 모래가 잔뜩 묻어 있습니다.

온몸에 모래가 묻어 죽은 지렁이

담배 연기는 싫어요

 햇빛과 모래, 재 말고 지렁이가 또 싫어하는 게 뭐죠?

 글쎄… 아, 지렁이는 담배 연기를 무척 싫어한단다.

 저도 싫어요. 박사님이 담배를 피우시지 않아서 다행이에요.

지렁이에게 담배 연기가 얼마나 해로운지 알아보는 실험을 했습니다. 3개의 투명한 유리병에 지렁이를 5마리씩 넣고 첫 번째 병은 자연 상태로 방치했습니다. 두 번째 병에는 사람의 입김을 5번 불어 넣어 주었고, 세 번째 병에는 담배 연기를 5번 불어 넣었습니다.

병에 최소한의 공기구멍만 뚫어 놓고 어두운 곳에 30분간 두었다가 관찰했더니 첫 번째와 두 번째 유리병의 지렁이는 변화가 없었으나 세 번째 유리병의 지렁이들은 모두 몸을 뒤틀며 괴로워했습니다. 담배 연기에 포함된 약 4,000여 종의 독성 화학 물질이 지렁이의 피부에 흡착되었다가 몸속으로 들어가자 지렁이가 몸부림을 친 것입니다.

담배 연기는 독성 화학 물질 덩어리

담배 연기에는 타르와 니코틴을 비롯해 질소, 이산화탄소, 일산화탄소, 알데히드, 암모니아 등의 성분이 섞여 있습니다. 이 중 타르는 독성이 매우 강하며 발암 물질이 포함되어 있습니다. 차 배기가스에 포함된 성분인 일산화탄소, 세척제로 사용되는 암모니아 등 담배 연기 속에는 해로운 물질이 가득합니다. 친환경적 동물인 지렁이가 담배 연기를 싫어하는 건 당연한 일이겠지요?

소금기에 약해요

 어디 보자, 오늘은 지렁이에게 뭘 먹이고 있니?

 헤헤, 김치예요. 제가 제일 좋아하는 반찬이죠.

 저런, 네가 김치를 잘 먹는 건 기특하다만 지렁이에게는 별로 좋은 음식이 아니야.

 왜요? 김치가 몸에 얼마나 좋은데요.

 하지만 김치를 담글 때는 소금을 많이 뿌리잖니. 지렁이는 소금기에 약하거든.

지렁이가 싫어하는 것이 하나 더 있는데, 그것은 바로 소금입니다. 소금 농도가 2.1퍼센트인 바닷물에 8종의 지렁이를 넣었더니 모두 죽었고, 소금 농도 0.7퍼센트에서는 일부 종만 살아남았다고 합니다. 지렁이는 소금 농도가 0.5퍼센트 이하인 경우에는 괜찮지만 그보다 높아지면 생명이 위험합니다. 지렁이가 소금기에 약한 이유는 삼투압 현상 때문이라고 추측됩니다. 지렁이의 몸은 소금기가 적고 수분이 많습니다. 그런데 주변 환경의 소금기 농도가 진하면 소금기 농도의 평형을 맞추기 위해 지렁이 몸에서 수분이 빠져나오고, 결국 호흡과 운동에 치명적인 해를 입는다는 것입니다.

삼투압 현상이란?

서로 통과할 수 있는 막을 사이에 두고 액체의 농도가 진한 것과 옅은 것이 있으면 농도가 옅은 쪽의 액체가 진한 쪽으로 흘러가 두 액체의 농도를 맞추는 현상을 말합니다.

가장 좋아하는 온도는 몇 도일까?

 이제 장마도 끝났는지 더워서 지렁이들도 밖에 안 나오네요. 땅속도 꽤 덥겠죠?

 너무 더우면 여름잠을 자고, 추우면 겨울잠을 자니까 괜찮아.

 그러면 지렁이들이 가장 좋아하는 온도는 몇 도예요?

지렁이들이 봄과 가을에 주로 성장하고 번식하는 것을 보면 여름처럼 너무 덥거나 겨울처럼 추운 날씨는 좋아하지 않는 것 같습니다. 그래서 온도를 다르게 유지하면서 지렁이를 길러 보았더니 재미있는 결과가 나왔습니다.

　사육상 내부 온도를 각각 섭씨 25도, 20도, 15도, 10도로 맞추어 놓고 다른 환경은 일정하게 유지했습니다. 70일 후 섭씨 25도에서 기른 지렁이의 평균 몸무게는 664밀리그램, 섭씨 20도에서는 189.5밀리그램, 섭씨 15도에서는 97.5밀리그램, 섭씨 10도에서 기른 지렁이는 26.9밀리그램이었습니다.

　몸무게가 700밀리그램이 될 때까지 얼마나 걸리는지 알아보는 실험에서는 섭씨 25도에서 70일이 걸렸는데, 5도를 낮춘 섭씨 20도에서는 무려 200일이나 걸렸습니다.

　두 실험의 결과 지렁이는 섭씨 25도 전후의 온도를 가장 쾌적하게 여긴다는 것을 알 수 있습니다.

겨울잠과 여름잠을 자는 지렁이는 몇 도까지 죽지 않고 살아 있을 수 있을까요?

지렁이 액체 비료를 만들 때 온도를 섭씨 0~5도로 낮추거나 37~40도로 높이는 이유는 너무 춥거나 더우면 지렁이가 스스로를 방어하기 위해 체액을 분비하기 때문입니다. 하지만 온도가 0도 이하나 섭씨 40도 이상으로 높아지면 체액을 분비하지 못하고 죽고 맙니다. 이러한 점으로 미루어 볼 때 지렁이가 생존할 수 있는 온도는 섭씨 0도 이상, 섭씨 40도 이하라고 추측됩니다.

그러면 지렁이도 더울 때는 땀을 흘릴까요?

사람, 개, 고양이와 같은 항온동물은 주변의 기온이 올라가 더워지면 땀을 흘려서 체온을 내림으로써 체온을 유지합니다. 하지만 지렁이는 주변 온도에 직접적인 영향을 받는 변온동물이기 때문에 기온에 따라 체온이 함께 올라가 굳이 땀을 흘려 몸을 식힐 필요가 없습니다. 따라서 지렁이는 땀을 흘리지 않으며, 더위가 심할 때는 여름잠을 잡니다.

폼페이지렁이

대부분의 생물은 섭씨 55도 이상의 기온에서는 살아가기 힘듭니다. 그런데 대서양 깊은 곳에 사는 폼페이지렁이는 물이 끓어오를 정도의 높은 온도에서도 유유히 생활한다고 합니다.

바닷속 화산 분기공의 주변 온도는 무려 300도 이상인데, 이 지렁이는 그곳에 안식처를 마련합니다. 화산 분화구에서 뿜어 나오는 뜨거운 액체는 지렁이의 체온을 삽시간에 섭씨 80도까지 올립니다. 하지만 분화구 벽에 붙어 있는 지렁이의 몸통 반대쪽 온도는 섭씨 20도에 불과합니다.

길이 10센티미터밖에 되지 않는 이 작은 생물은 박테리아를 이용해 센서처럼 열을 차단함으로써 세포와 조직을 보호합니다.

지렁이의 사랑

지렁이는 얼마나 오래 살까?

> 어때? 지렁이를 직접 키워 보니 힘들지 않니?
>
> 아뇨, 재미있어요. 마치 제가 부모가 된 것 같은 책임감도 느끼고요.
>
> 하하, 사람 나이로 치면 지금 네 앞에 있는 녀석이 네 부모님 또래일 거야.

지렁이의 수명은 얼마나 될까요? 종류마다 다르다는 것이 정답입니다. 1년 내에 알에서 깨어나 자라고 알을 낳은 후 죽는 한해살이 지렁이도 있고, 여러 해에 걸쳐 사는 종류도 있습니다.

뚱보지렁이과를 비롯한 대부분의 지렁이는 수명이 1년으로 산란 후에 죽는 것으로 알려져 있지만, 줄지렁이와 같은 낚시지렁이과에 속한 종은 대부분 여러해살이입니다. 줄지렁이는 3~4년 정도 살며, 유럽의 붉은지렁이 중에는 5~10년을 산 경우도 있다고 합니다.

지렁이를 입에 잔뜩 물고 있는 호랑지빠귀

다만 야생에 사는 지렁이들은 자기 수명을 다 누리기 전에 두더지나 새 등에게 잡아먹히거나 환경의 변화에 적응하지 못해 수명이 짧아지는 경향이 있습니다.

5억 년을 이어온 생명력

동물이든 식물이든 몸집이 작고 힘이 약한 생물은 대부분 자신만의 특별한 방어 기술을 갖고 있습니다. 독을 갖고 있는 거미나 날카로운 가시를 지닌 장미, 지독한 냄새를 풍기는 스컹크 등 자신의 생명을 지키고 종을 보호하기 위한 장치는 매우 다양합니다. 그런데 힘도 없고 몸집도 작은 지렁이는 특별한 방어 능력도 없이 5억 년이라는 시간을 살아왔습니다. 그것이 가능했던 것은 몸이 잘렸을 때에도 죽지 않고 두 개의 몸으로 재생시키는 능력과 왕성한 번식력 덕분입니다. 어쩌면 세상에서 가장 연약한 동물이라고 할 수 있는 지렁이지만 다른 동식물에 해를 끼치는 일 없이 오히려 도움을 주면서 긴 세월을 살아온 것입니다.

어떻게 어른이 될까?

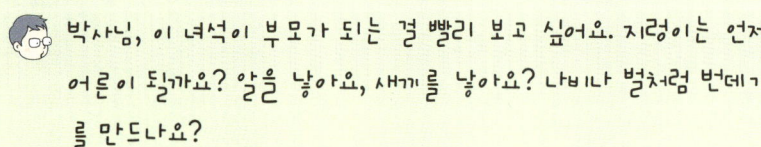

🧑‍🦱 박사님, 이 녀석이 부모가 되는 걸 빨리 보고 싶어요. 지렁이는 언제 어른이 될까요? 알을 낳아요, 새끼를 낳아요? 나비나 벌처럼 번데기를 만드나요?

👨‍🦳 허허, 녀석… 하나씩만 물어보렴.

🧑‍🦱 성장 과정을 지켜볼 수 있다고 생각하니 흥분이 돼서 그러는 거죠.

👨‍🦳 조급하게 생각하지 말아라. 모든 일엔 때가 있는 법이니까.

곤충이 알에서 부화하여 애벌레 단계를 거쳐 성충이 되는 과정을 겪는 것을 불완전 변태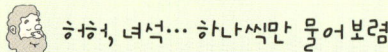안갖춘탈바꿈라고 하며 메뚜기, 귀뚜라미, 잠자리 등이 이에 해당합니다. 반면 애벌레에서 번데기의 과정을 거쳐 성충이 되는 것을 완전 변태갖춘탈바꿈라고 하며 나비, 벌, 파리, 딱정벌레가 여기에 속

지렁이의 성장(성체 지렁이, 중간 지렁이, 지렁이 새끼)

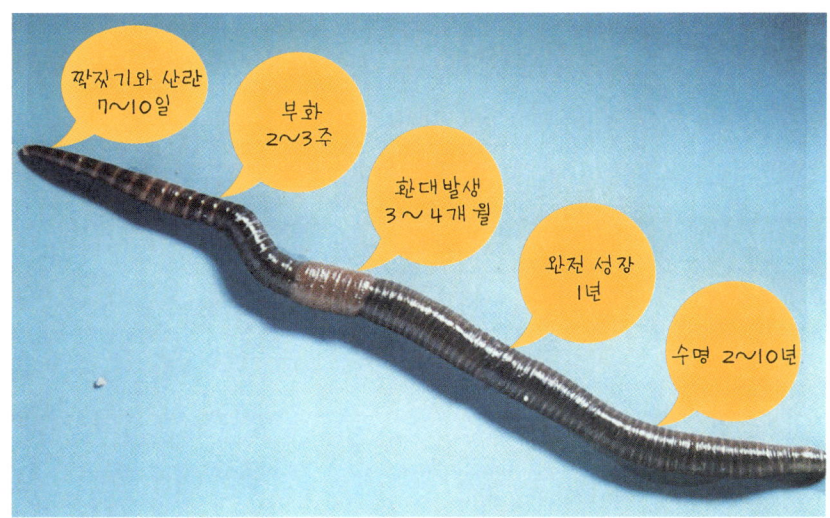

지렁이의 성장 단계와 수명

합니다. 부화할 때까지 알 속의 영양분을 먹으며 자라다가 어린 새끼지렁이로 부화하고, 몸집이 커져 어른이 되는 지렁이는 불완전 변태를 한다고 볼 수 있습니다.

짝짓기를 한 지렁이는 7~10일 후 레몬 모양의 난포를 산란합니다. 이 난포는 2~3주 사이에 부화하는데 보통 한 개의 알에서 2~3마리의 새끼지렁이가 나옵니다.

부화한 지렁이는 약 60~90일이 지나면 흰 띠 모양의 환대가 생깁니다. 환대가 완성되었다는 것은 짝짓기를 하여 자손을 낳을 수 있다는 뜻이기도 합니다.

지렁이의 짝짓기

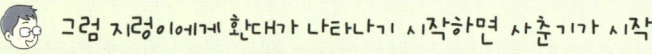
그런 면에서 지렁이는 사람과 비슷한 면이 있어. 사람도 사춘기에 2차 성징이 나타나고 임신도 할 수 있지만 완전히 성인이 아니기 때문에 좀 더 자란 다음에 결혼을 하잖니.

그럼 지렁이에게 환대가 나타나기 시작하면 사춘기가 시작된 거군요?

환대가 부은 지렁이

어린 지렁이가 성숙해지면 희고 둥근 띠 모양으로 부풀어 오르는 부분이 있는데, 이것이 바로 환대입니다. 환대가 나타나면 짝짓기를 할 수 있다는 뜻인데 성샘세포가 발달하여 표피가 부푼 것입니다.

환대는 생식 시기가 지나면 없어지는 것도 있고, 일단 나타나면 없어지지 않은 것도 있습니다. 또 주변 환경이 나빠지면 없어졌다가 다시 생기기도 하고, 늙어서 없어지기도 합니다.

> 그런데 지렁이는 암수를 어떻게 구별하죠? 똑같이 생겨서 엄마와 아빠가 구분이 안 돼요.
>
> 지렁이는 암수 구별이 없어. 암컷과 수컷의 생식 기관을 한 몸에 다 갖추고 있지.
>
> 그럼 혼자서도 알을 낳을 수 있겠네요?
>
> 음… 그건 몸의 구조 때문에 힘들단다.

지렁이는 암수한몸이지만 한 몸에 있는 암생식기와 숫생식기는 서로 닿을 수 없는 구조로 되어 있습니다. 우리의 오른손이 오른쪽 어깨에 닿을 수는 있지만 오른쪽 팔꿈치는 닿지 못하는 것과 같습니다. 그래서 일반적으로 두 마리가 짝짓기를 하며, 드물게는 세 마리가 삼각형

어린 지렁이   중간 지렁이(환대가 없다)    어른 지렁이(환대 생성)

형태로 짝짓기를 하기도 합니다.

지렁이는 서로 상대 지렁이의 머리 부분을 1/3~1/4 정도 거꾸로 밀착시켜 짝짓기를 합니다. 이때 지렁이의 체내에서 끈끈한 액체가 분비되며, 두 지렁이는 한 몸같이 휘감은 상태로 서너 시간을 유지합니다.

지렁이 알이 궁금해

 박사님, 이것 좀 보세요. 드디어 제 지렁이들이 부모가 되려나 봐요!

 허허, 정말 그렇구나. 환대 주변에 난포막이 만들어졌어.

 얼마나 기다려야 할까요? 새끼지렁이들이 정말 기다려져요.

짝짓기를 한 지 일주일이 지나면 알을 낳기 시작하여 보통 10일 이내에 알 낳기를 끝냅니다.

지렁이가 짝짓기를 끝내면 환대 표면에 투명한 물질이 분비되어 환대 주위를 감싸면서 굳어져 얇은 막이 생기는데, 이것을 난포막이라고 합니다.

난포막이 단백질로 된 분비물로 채워지면 머리 쪽으로 이동을 하는데 이 과정에서 암컷 생식기 안에 있던 난자와 짝짓기 과정에서 받은

① 난포막이 머리 쪽으로 이동

② 이동 중 수정이 이루어짐

③ 난포막이 머리를 벗어나는 순간

④ 알의 완성

정자가 난포막 안으로 들어와 수정이 이루어집니다.

난포막은 머리 쪽으로 이동하다가 입을 벗어나면 양끝이 뾰족한 레몬 모양이 되어 몸에서 완전히 떨어져 나갑니다. 이것을 난포cocoon라고 하는데 그 크기는 지렁이의 크기에 비례합니다.

난포는 2~3주가 지나면 부화하며, 종류에 따라 다르기는 하지만 하나의 난포에서 평균 2~3마리의 새끼지렁이가 나옵니다.

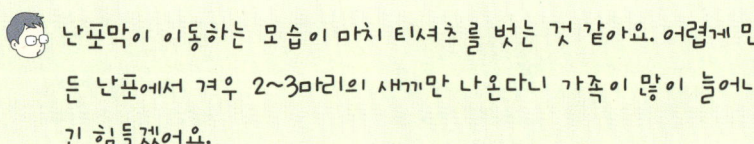

난포막이 이동하는 모습이 마치 티셔츠를 벗는 것 같아요. 어렵게 만든 난포에서 겨우 2~3마리의 새끼만 나온다니 가족이 많이 늘어나긴 힘들겠어요.

지렁이는 여러 번에 걸쳐 알을 낳으니 걱정하지 않아도 돼.

종류에 따라 난포의 수가 다르듯이 환경에 따라서도 달라지는데, 일반적으로 지렁이는 환경이 좋으면 난포가 많아지고, 환경이 나빠지면 줄어드는 것으로 알려져 있습니다.

그런데 상대적으로 땅속 깊이 안전한 곳에 사는 지렁이보다 지표면 근처에 사는 지렁이가 난포의 수를 늘리기도 합니다. 지표면 근처에는 위험 요소가 많기 때문에 새끼를 많이 낳아 종족을 보존하기 위해서이지요.

많이 낳지 않으면 대가 끊기겠어.

기온이 지나치게 높거나 낮은 경우, 생활 환경이 나빠지거나 천적의 수가 늘어날 때에는 종족을 보존하기 위해 평상시보다 더 많은 난포를 생산하기도 합니다.

지렁이 알은 작은 레몬 모양이네요. 그런데 이 알은 썩었나 봐요. 색깔이 다른데요?

썩은 게 아니라 시간이 지남에 따라 색깔이 변한 거야. 처음에 흰색이던 지렁이 알은 녹색으로 변했다가 다시 담황색이 되면 부화하지.

색깔이 왜 변하는데요?

다른 동물들이 잘 알아보지 못하도록 하려는 거야. 그래야 잡아먹히지 않으니까.

알 색깔이 변하다니 신기해요. 빨리 담황색이 되었으면 좋겠어요.

지렁이가 낳은 알은 초기에 우윳빛과 같은 흰색이지만, 2~3일이 지나면 녹색으로 변했다가 부화 시점이 되면 흙과 비슷한 담황색이 됩니다. 이 시점을 전후해 어린 지렁이가 알 속에서 활동하기 시작합니다.

지렁이 알의 색깔이 변하는 모습

알의 색깔이 변하는 것은 지렁이가 갖는 재미있는 특징 중의 하나지요.

하나의 난포에서 부화하는 지렁이의 수는 난포마다 다른데, 평균 2~3마리가 부화하며 최대 7마리까지 나오기도 합니다. 평균 크기 2~3 밀리미터, 무게 0.014그램의 난포는 크고 무거울수록 여러 마리의 지렁이가 태어납니다.

 지렁이도 배꼽이 있을까?

사람은 엄마 뱃속에 있을 때 엄마와 탯줄로 연결되어 영양분을 공급받습니다. 태어난 후에는 탯줄을 자르게 되는데, 이 흔적이 바로 배꼽입니다. 지렁이는 알을 낳아 부화시키기 때문에 탯줄이 없으니 당연히 배꼽도 없습니다. 지렁이의 알 속에는 부화하기 전까지 필요한 영양분이 다 들어 있습니다. 새끼지렁이들은 그 영양분을 먹으며 성장하고, 적당한 시기가 되면 직접 알을 깨고 나온답니다.

알을 낳는 동물은 배꼽이 없어.

지렁이는 대가족

 그렇게 난포를 많이 만들어내고 하나의 난포에서 여러 마리가 나온다니 지렁이가 멸종할까봐 걱정할 필요는 없겠어요.

 지렁이가 새끼를 많이 낳는 데는 그럴 만한 이유가 있지.

힘이 센 동물에 비해 지렁이는 새끼를 많이 낳습니다. 하지만 그렇게 태어난 지렁이가 모두 어른이 되는 것은 아닙니다.

자라는 동안 새나 두더지에게 잡아먹히고, 나쁜 환경과 부족한 먹이 때문에 죽는 경우가 많기 때문이지요.

이렇게 지렁이처럼 힘없는 동물들은 성체로 자랄 확률이 적기 때문에 알을 많이 낳습니다.

동물 다큐멘터리에서 수백 개의 알을 낳는 바다거북을 본 적이 있지요? 부화된 새끼 바다거북들은 모래사장을 까맣게 뒤덮으며 바다로 향

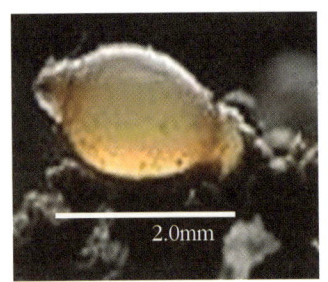

지렁이 알 크기

하지만 가는 도중 바닷새에게 잡혀먹거나 어렵게 바다에 도착했더라도 천적에게 잡아먹혀 실제로 살아남는 것은 몇 마리 되지 않는다고 합니다. 등딱지가 단단한 바다거북도 새끼일 때는 지렁이처럼 연약한 존재이기 때문에 가능한 한 새끼를 많이 낳아야 하나라도 더 살아남아 종족을 보존할 수 있는 것입니다.

반면 사람이나 사자, 호랑이, 고래 등 대형 동물들은 한두 마리만 낳아도 그 종을 유지할 수 있기 때문에 새끼를 적게 낳으며, 임신 기간도 깁니다. 이런 동물들이 새끼를 자주, 많이 낳는다면 먹이가 되는 동물들은 살아남지 못해서 생태계가 유지될 수 없을 것입니다.

> 그렇게 생각하니 지렁이가 불쌍해요. 그 많은 새끼 중에서 살아남는 건 별로 없다니.
>
> 그럼 이건 어떻게 생각하니? 천적의 위협을 받지도 않고 생활하기 적당한 환경이 조성된 사육 상자 안에 100마리의 지렁이가 살고 있다면 1년 후에는 몇 마리로 늘어날까?
>
> 헉… 설마 지렁이 숫자가 끝도 없이 늘어나는 건 아니겠지요?

정답은 100마리입니다. 환경과 먹이에 따라 조금씩 차이는 있지만 한 상자에서 계속 키운다면 몇 년이 지나도 평균 개체 수에는 변화가 없습니다. 지렁이는 스스로 서식 밀도를 조절하는 능력이 있어서 아무리 환경 조건이 좋아도 개체 밀도가 일정한 수준에 이르면 번식을 중지하고, 밀도가 낮아지면 다시 번식을 해서 적정한 밀도를 유지합니다.

 휴~ 다행이에요. 지렁이를 좋아하긴 하지만 온 세상이 지렁이로 덮여 버리는 건 싫거든요.

 그렇지? 누가 가르쳐 주지 않아도 스스로 개체 수를 조절한다니 자연은 정말 신비롭지 않니?

종이 다른 지렁이끼리 짝짓기를 할 수 있을까?

그러면 종이 다른 지렁이끼리 짝짓기를 할 수 있을까요? 지렁이는 한 몸에 암생식기와 숫생식기를 갖추고 있어 짝짓기를 할 때 서로의 반대 생식기와 결합하는데, 이때 서로 몸 크기가 비슷해야 생식기가 서로 닿을 수 있습니다. 따라서 종이 달라도 크기가 비슷하면 짝짓기가 가능하지만, 크기가 다른 종이라면 생식기 위치가 맞지 않아 접촉이 어렵기 때문에 짝짓기를 할 수 없답니다.

레밍의 개체 수 조절법

자기 종의 개체 수를 스스로 조절하는 동물은 지렁이뿐만이 아닙니다. 예를 들어 북유럽 지역에 사는 레밍은 특이한 방법으로 개체 수를 조절합니다.

떼를 지어 생활하는 레밍

나그네쥐라고도 불리는 레밍Lemus lemus은 짧은 다리와 작은 귀, 부드럽고 긴 털을 가졌습니다. 이들은 집단생활을 하는데, 번식력이 매우 좋아 불과 3~4년 만에 개체 수가 폭발적으로 늘어납니다. 대가족이 된 레밍 무리는 봄이나 가을의 어두운 밤에 바닷가를 향해 끝없이 이동하다가 마침내 바닷가의 벼랑에 다다르면 이내 바다로 뛰어들어 생을 마감합니다. 집단 자살을 하는 셈인데, 아직도 그 이유는 뚜렷하게 밝혀지지 않았습니다. 다만, 이러한 행동은 적당한 때에 늙은 쥐들이 스스로 죽어 집단의 밀도를 낮추고, 건강한 종이 번식하게 함으로써 종족 보존에 도움이 된다고 합니다.

우두머리가 바다에 뛰어들면 뒤따르던 무리들도 무작정 따라가는 이들의 모습에서 레밍 효과lemming effect라는 말이 나왔습니다. 맹목적으로 남을 따라 충동적으로 행동하는 모습을 이르는 말이지요.

지렁이는 왜 그럴까?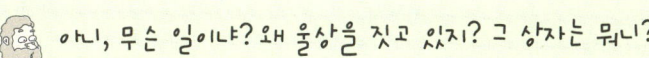

지렁이가 달아났다!

- 아니, 무슨 일이냐? 왜 울상을 짓고 있지? 그 상자는 뭐니?

- 죄송해요, 박사님… 허락도 없이 지렁이들을 학교에 데리고 갔었어요. 덕분에 학교에서 한바탕 소동이 일어났지 뭐예요.

- 소동이라니? 자세히 얘기해 보렴.

- 상자에 흙과 지렁이를 넣고 숨을 쉬라고 작은 구멍을 뚫어 놓았는데 지렁이가 탈출한 거예요. 교실 창문을 타고 올라가는 걸 보고 애들이 소리를 지르는 바람에 발견했죠.

- 선생님이 화가 많이 나셨겠구나. 꾸중을 듣지는 않았니?

- 아니에요. 오히려 지렁이처럼 재미있고 유익한 동물에 관심을 갖고 있다며 칭찬하셨는 걸요.

    지렁이를 기르다 보면 매우 작은 구멍을 통해 사육 상자에서 탈출한 녀석들을 종종 볼 수 있습니다. 자기 몸집보다 작은 구멍을 어떻게 통과한 것일까요?

    지렁이의 몸은 뼈가 없고 근육으로만 되어 있는데, 근육의 수축과 이완을 되풀이하며 꿈틀꿈틀 이동합니다. 앞으로 나아가기 위해 몸을 늘이면 몸통이 가늘어지므로 몸의 굵기보다 작은 구멍도 쉽게 통과할 수 있습니다. 이러한 모습은 같은 환형동물인 거머리에게서도 볼 수 있습니다.

그러면 지성이의 지렁이는 어떻게 유리창까지 올라갈 수 있었을까요?

파리와 청개구리는 발에 있는 흡반 덕분에 무엇이든 잡으면 꽉 움켜쥘 수 있어 거꾸로 매달려도 떨어지지 않습니다. 하지만 지렁이에게는 흡반이 없습니다.

지렁이가 벽을 타고 올라가는 방법이 무엇인지 확실하지는 않지만 지렁이 몸에 있는 근육 때문이라고 추측됩니다.

몸의 마디가 가로로 연속되어 있는 지렁이는 고리 모양의 근육인 환상근과 세로 근육인 종주근이 늘어나고 줄어드는 과정을 되풀이하면서 벽을 타고 이동합니다. 이때 수축된 상태에서 근육을 이완시키면 지렁이 몸과 벽 사이에 음압陰壓이 생겨 흡반과 같은 역할을 하는 것입니다.

지렁이가 비닐하우스를 올라가기 시작

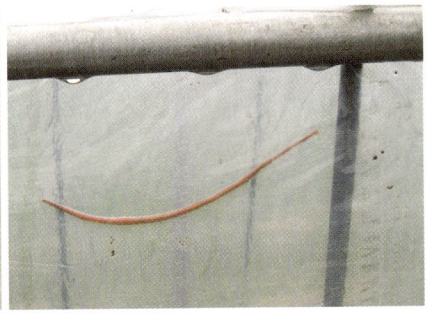

비닐하우스 중간층까지 올라간 지렁이

다만 지렁이 몸체가 흡반 기능을 할 수 있으려면 수분이 있어야 하기 때문에 습기가 많은 장소이거나 비가 와야만 가능합니다.

비가 오면 비닐하우스 안에 습기가 차서 수분이 충분하므로 근육을 이용해 비닐을 타고 올라가는 지렁이를 쉽게 발견할 수 있습니다.

 거꾸로 매달려도 안 떨어지는 동물들

지렁이가 미끄러운 유리나 타일에서 떨어지지 않으려면 물기가 있어야 하는 반면, 파리는 물기가 없어도 천장에 거꾸로 매달려 떨어지지 않고 잘 붙어 있습니다. 이는 파리 발바닥에 흡반(빨판)이 있어 어디든 매달리면 붙어 앉아 있을 수 있기 때문입니다. 청개구리의 발에도 둥근 흡반이 달려 있어 나뭇가지나 잎사귀에 붙어 생활할 수 있습니다. 그런데 청개구리의 흡반은 파리의 것과는 달리 건조해지면 제 기능을 발휘하지 못하고 미끄러져 버립니다. 지렁이와 같은 환형동물에 속하는 거머리는 앞쪽 몸과 등에 각각 한 개씩의 흡반이 있어 동물의 몸에 찰싹 달라붙어서 피를 빨아 먹습니다.

발에 흡반이 달린 청개구리

지렁이도 밟으면 꿈틀?

 그게 전부가 아니에요. 짓궂은 친구들이 지렁이를 함부로 만지고, 높은 데서 떨어뜨렸어요.

 저런… 지렁이가 스트레스를 많이 받았겠는걸.

"지렁이도 밟으면 꿈틀한다."는 속담이 있습니다. 몸은 작지만 지렁이도 뇌와 신경계를 갖고 있으므로 감각을 느낄 수 있습니다. 대부분의 지렁이는 촉감이나 압력에 민감한 편이라서 몸을 누르거나 만지면 재빨리 도망가고, 빛이나 뜨거운 것은 피합니다.

그러면 지렁이도 아픔을 느낄까요? 밟거나 만지면 지렁이는 몸부림을 치면서 흥분하지만 아파서 버둥거리는 것은 아닙니다. 뇌가 있기는 하지만 매우 단순해서 통증을 섬세하게 느낄 수 없으며, 이러한 반응은 위험이나 귀찮은 자극으로부터 피하려는 반사 작용일 뿐입니다.

다시 말해 밟혔을 때 몸부림을 치는 것은 통증을 느끼고 뇌가 생각해서 하는 행동이 아니라 그저 살아남기 위한 본능적인 행동입니다.

지렁이에 관한 속담

가장 잘 알려진 것은 "지렁이도 밟으면 꿈틀한다."는 속담입니다. 아무리 힘없고 못난 사람도 해를 끼치면 반항을 하게 된다는 뜻입니다. 같은 의미로 "쥐도 급하면 고양이를 문다."라는 말이 있지요. "지렁이 갈빗대 같다."라는 속담은 뼈가 없는 지렁이에게 갈빗대가 있을 리 없으므로 현실 불가능한 거짓말을 한다는 의미입니다. "지렁이로 잉어 낚는다."라는 말은 매우 적은 밑천을 가지고 큰 이익을 얻게 되었을 때 쓰는 말입니다. 긴 세월을 인간과 함께 살아왔기 때문인지 지렁이에 관련된 재미있는 이야기를 우리 주변에서도 쉽게 찾아볼 수 있습니다.

 정말 지렁이는 아픈 걸 몰라요? 그러면 몸이 잘려 나가도 아파하지 않나요?

 아픔을 느끼지 않을 뿐만 아니라 잘린 부분이 다시 자라난단다.

　지렁이를 사육하는 농가에서 먹이를 주거나 삽으로 흙을 뒤집을 때 실수로 지렁이 몸이 잘려지는 경우가 종종 있습니다. 하지만 몸이 반쪽으로 잘려 부상당한 지렁이나 토막이 나서 죽은 지렁이는 거의 발견되지 않습니다. 그 이유는 무엇일까요?

　지렁이는 놀라운 재생 능력을 갖고 있습니다. 몸체의 뒤쪽이 완전히 잘려 나가더라도 몸의 마디들이 똑같은 모양으로 다시 생겨납니다. 재생에 필요한 시간은 종마다 다르지만 보통 40~80일 정도 걸립니다. 재생력이 뛰어난 줄지렁이에 비해 야생 지렁이는 재생에 시간이 오래 걸리는 편입니다.

여기가 어디야?

재생은 원래의 완벽한 상태로 복구되는 진재생眞再生과 파괴된 일부 조직만 복구되는 조직 재생組織再生으로 나누어집니다. 다시 진재생은 잘려서 두 개가 된 각각의 몸체가 완전한 개체 2개로 재생되는 양방향성 재생과, 꼬리와 다리 등이 잘렸을 때 잘린 부분만 재생되는 단일방향성 재생으로 나눠집니다. 지렁이와 히드라, 플라나리아, 불가사리 등은 양방향성 재생을 하며, 곤충이나 유미양서류는 단일방향성 재생을 합니다.

악! 내 몸에 손대지 마.

아이고~ 쿵.

어! 2개월 지나니 다시 머리와 꼬리가 생겼네.

 와~ 부러워요. 사람도 사고로 팔이나 다리가 잘리더라도 새로 자라 나면 좋을 텐데.

 그렇지만 지렁이는 그 과정에서 스트레스를 많이 받을 거야.

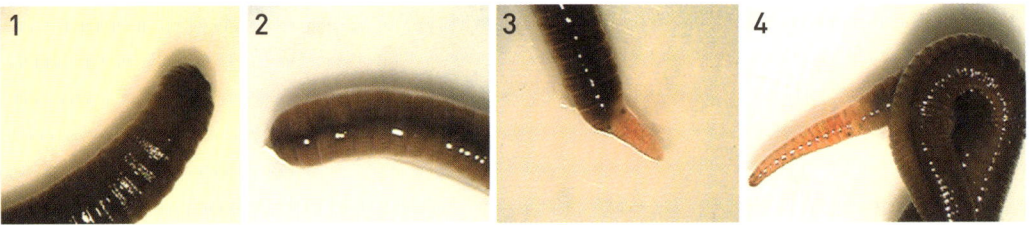

①꼬리가 잘림(0일) ②잘린 부분이 뭉툭해짐(7일) ③약간 자라난 꼬리(14일) ④꼬리가 길게 자람(21일)
사진 제공: 국가지정연구소재은행 환형동물자원은행(ARRC)

"지렁이에게 오줌을 누면 고추가 부풀어 오른다."라는 말을 들어 본 적이 있나요?

일부 지렁이 종류는 외부로부터 위협을 받거나 위험한 상황에 처하면 몸에서 액체를 분사합니다. 지렁이 크기에 따라 차이는 있지만 약 30cm 높이로 액체를 뿜는데 이 높이는 서너 살짜리 남자 아이가 오줌을 누었을 때 성기에 닿을 만한 높이입니다.

아이의 오줌이 몸에 닿으면 위협을 느낀 지렁이는 체내의 액체를 내뿜고, 그 액체가 닿은 성기는 부어오르는 것입니다. 이렇게 액체를 뿜는 경우는 작은 줄지렁이 종류에서는 보기 어렵고, 야생의 나이트크롤러 종류에서만 볼 수 있습니다.

하지만 확인해 보려는 마음에 실제로 이러한 행동을 해서는 안 되겠지요. 사람에게는 흥미로운 실험일 수 있지만 지렁이에게는 섭씨 36.5도나 되는 뜨거운 물을 갑자기 뒤집어쓰는 것이 치명적일 수 있기 때문입니다.

 지렁이도 딸꾹질을 하나요?

사람이 숨을 들이쉴 때 방해를 받으면 가슴에 작은 경련이 일어나면서 딸꾹질이 나옵니다. 지렁이는 사람과 달리 코나 입으로 숨을 쉬지 않고 피부로 호흡을 하기 때문에 딸꾹질을 할 수 없는 신체 구조를 갖고 있습니다.

노래하는 지렁이?

 친구들 반응은 어땠니? 지렁이를 싫어하거나 징그러워하지는 않았어?

 아니에요. 굉장히 흥미로워하면서 다들 모여 구경했어요. 제가 쓴 관찰일기도 재미있어 했고요. 그런데 생각지도 않았던 질문을 많이 해서 제가 좀 곤란했죠.

 무슨 질문을 했는데?

 지렁이가 정말 노래를 부를 수 있냐고 묻잖아요.

한자에서는 지렁이를 가녀歌女, 즉 노래하는 동물로 표현하고 있으며 동물과 식물, 광물 등의 이름을 모은 조선 시대 도서인 『물명고物名考』에도 가녀라는 말이 나와 있습니다. 옛날 할머니들도 지렁이가 노래를 한다는 이야기를 하곤 했지요.

그런데 지렁이가 노래를 한다는 것은 사실이 아닙니다. 왜냐하면 지렁이는 목이 없을 뿐만 아니라 발성 기관도 없어 소리를 낼 수 없거든요. 아마도 지렁이와 이웃해 땅속에 살고 있는 땅강아지가 '돌돌래 돌돌래' 하고 우는 소리를 듣고 지렁이가 노래를 부르는 것으로 착각한 것이 아닐까 싶습니다.

굴을 드나드는 지렁이

지렁이도 소리를 내기는 합니다. 장마철에 비가 많이 내려 지렁이 굴에 물이 가득 차면 지렁이가 밖으로 나오는데, 그때 지렁이가 빠져나오면서 "뽁"하는 소리가 납니다. 이 소리도 지렁이가 굴에서 나올 때 굴의 압력이 낮아지면서 나는 소리일 뿐, 지렁이가 직접 내는 소리는 아니랍니다.

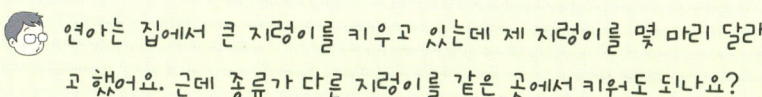
연아는 집에서 큰 지렁이를 키우고 있는데 제 지렁이를 몇 마리 달라고 했어요. 근데 종류가 다른 지렁이를 같은 곳에서 키워도 되나요?

지렁이는 먹이만 있으면 종류에 상관없이 잘 어울려 생활할 수 있단다. 유기 농업을 하는 비닐하우스에서는 다양한 종류의 지렁이가 함께 사는 것을 쉽게 볼 수 있지. 실제 자연 속에서 자주 일어나는 일은 아니지만 사육 상자에서는 먹이를 충분히 주고 환경 조건을 잘 조절해 주면 가능한 일이야.

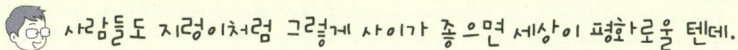
사람들도 지렁이처럼 그렇게 사이가 좋으면 세상이 평화로울 텐데.

❸ Chapter tip

지렁이의 친척들

지구 상에는 지렁이와 비슷하게 생긴 동물들이 많습니다. 하나씩 살펴보면서 어떤 동물이 진짜 지렁이의 친척인지 알아봅시다.

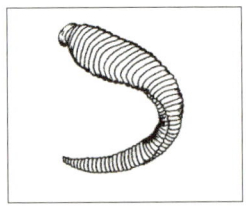

거머리 스케치

아주 오래전 지렁이는 바다에서 태어나서 천천히 육지로 옮겨 와 살게 되었습니다. 수영하기 좋은 유선형의 몸체와 아가미 없이도 물속에서 공기를 흡수할 수 있는 피부 호흡 등의 구조가 이러한 사실을 증명해 줍니다.

담수에 사는 거머리(사진 제공: 수서곤충연구회)

바다에서 이동하여 처음 정착한 곳은 해안 갯벌이었는데, 지렁이의 친척뻘 되는 동물인 갯지렁이와 개불은 아직도 이곳에 머물러 살고 있습니다.

갯벌을 지나 점점 육지로 향하던 지렁이는 하천이나 강가에 자리를 잡았고, 물지렁이와 실지렁이가 되었습니다. 이렇게 지렁이가 육지의 땅속에 정착하기 전까지 환경에 적응한 흔적이 곳곳에 남아 있으며, 각각 자리 잡은 환경에 맞게 모습도 조금씩 변하였습니다.

지렁이를 닮은 모습에 뱀의 특성을 갖고 있는 지렁이도마뱀

해안의 갯벌을 완전히 벗어난 지렁이는 물속에서 지느러미 역할을 하던 털이 더 이상 필요하지 않게 되었습니다. 그래서 지금은 아예 없어지거나 극히 일부분만 남아 있습니다.

육지 생활에 적응한 지렁이 중 다시 물속으로 돌아간 종류도 있는데, 이것이 바로 거머리입니다. 거머리는 원통형 몸에 털이 없으며 암수한몸이고, 눈이 없는 대신 표피에 광선을 느끼는 세포가 흩어져 있는 등 분류학적 공통점을 갖고 있는 지렁이의 친척입니다.

지렁이와 닮은 뱀은 얼핏 보면 친척으로 보이지만 척추와 이빨, 비늘과 눈을 갖고 있는 파충류로서 지렁이와 근본부터 다르답니다. 땅속에서 생활하는 지렁이도마뱀은 마치 큰 지렁이처럼 보이지만 역시 이빨과 척추, 눈이 있는 파충류입니다.

4장 꼼실꼼실 지렁이 도움 받기

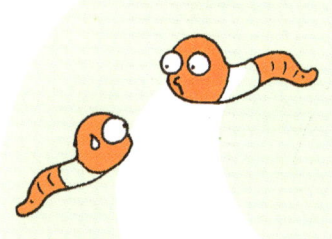

지렁이는 고마운 친구

약으로 사용했던 지렁이

🧑 박사님~! 기쁜 소식이에요! 저희 집에도 화단을 만들고 지렁이를 키우기로 했어요!

👨 그래? 정말 반가운 일이로구나. 어떻게 된 거냐?

🧑 엄마께 제 관찰 일기를 보여 드렸어요. 지렁이가 음식물 쓰레기를 처리하고, 지렁이 똥이 거름으로 쓰인다는 걸 아시고 '우리도 지렁이를 길러 볼까?' 그러시더라고요.

👨 관찰 일기 덕을 톡톡히 보았구나. 누구나 지렁이를 알면 그 매력에 빠져들 수밖에 없지.

🧑 그런데 엄마 말씀으로는 지렁이를 약으로도 썼다던데 사실이에요?

　지렁이는 살아서도 유익한 동물이지만 죽어서도 마찬가지입니다. 허준의 『동의보감』에는 '지렁이는 맛이 짜고 차가우며, 독성은 없거나 아주 조금 존재한다.'고 기록되어 있습니다.

　특히 환대가 있어야 약으로 쓰기 적합하다고 했으며, 여러 가지 복용 방법도 함께 소개하고 있습니다.

　예를 들어 봄에 땅에서 채취하여 햇빛에 말린 후 가루로 만들어 먹는 방법과 산채로 잡아 흙을 씻고 소금을 뿌린 후 즙을 내어 복용하는 방법, 죽은 지렁이를 태워 가루로 만들어 먹는

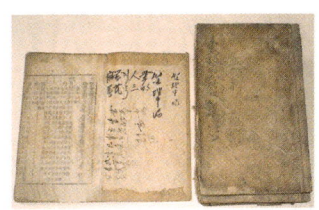

허준의 동의보감

지렁이 내장의 토사

방법 등이 적혀 있습니다.

또 지렁이로 만든 약은 뱀이나 지네 등에 물렸을 때나 장내 기생충을 제거할 때, 해열이나 계절성·전염성 질환, 인후염증 등에 효과적이라고 실려 있습니다.

이웃 나라 중국과 일본에서도 지렁이를 약으로 사용하였는데, 주로 해독 작용과 염증 및 혈관성 질환을 치료하는 데 사용했다고 합니다. 중국에서는 내장을 제거한 후 약용으로 사용하고, 일본은 내장의 토사土砂만을 배설시킨 후 통째로 말려서 사용했습니다.

동양뿐만 아니라 서양에서도 지렁이를 약으로 사용했다는 기록이 있습니다. 현대 외과학의 아버지라고 불리는 프랑스의 파레A. Pare, 1510~1590는 전쟁터에서 부상당한 군인들을 치료하기 위해 지렁이로 고약을 만들어 사용했다고 합니다.

현대 의약품에도 지렁이가 이용된다고?

 옛날에는 약이 많지 않아서 지렁이들이 고생 좀 했겠어요.

 지금도 지렁이를 이용해 약을 만들고 있는걸.

 옛?! 지금도요?

만약 모기가 사람 몸에 내려앉아 피를 빨고 있는데 공기에 닿은 사람의 피가 그대로 굳어져 버린다면 어떻게 될까요? 배를 채우려던 모기는 주둥이를 뺄 수 없어 도망가지도 못하고 꼼짝없이 잡히고 말겠지요. 그래서 모기와 거머리는 동물의 피를 빨아 먹을 때 피가 굳어지지 않게 하는 물질을 분비합니다. 사람에게는 안된 일이지만 모기와 거머리로서는 살아남기 위한 방편인 셈이지요. 지렁이의 몸에도 이와 비슷한 물질이 있는데, 피를 응고시켜 순환을 방해하는 물질을 분해하는 룸브로키나아제Lumbrokinase가 바로 그것입니다. 이 물질은 혈액의 순환을 도와 신진대사를 활발하게 해 주므로 인체의 생리 작용을 원활하게 합니다. 우리나라를 비롯해 일본, 중국 등에서는 이 물질을 이용한 혈전血栓 치료제를 만들고 있습니다.

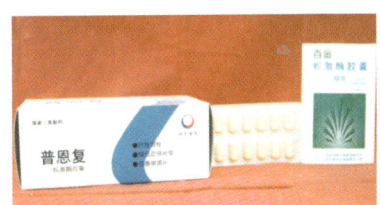
지렁이를 이용해 만든 약(중국)

보약과 비누로도 이용되는 지렁이

 보약으로 먹는 토룡탕은 우리나라에서 아직도 많이 먹고 있지.

 토룡탕이면… 역시 지렁이로 만든 것이로군요.

 그뿐만이 아니야. 지렁이로 비누나 팩 같은 미용용품도 만든단다.

 피부에 바르기까지 하다니 지렁이는 정말 버릴 데가 없군요.

 지렁이처럼 자연과 사람에 고루 이로운 생물도 흔치 않을 거야.

오래전 먹을거리가 부족하던 시절에 우리 선조들은 지렁이를 잡아서 보약으로 만들어 먹었습니다. 그것이 지금까지 전해져 현대에도 지렁이를 넣어 만든 건강 보조 식품을 먹는 경우를 볼 수 있습니다. 이를 '토룡탕'이라고 부르는데, 지방마다 다양한 제조 방법이 전해지고 있습니다.

지렁이의 피부에서 분비되는 체액은 보습 효과와 윤활 작용이 뛰어나 화장품을 만드는 재료로 사용되기도 합니다.

최근에는 지렁이를 이용한

지렁이 미용 비누

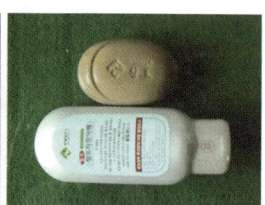

지렁이 미용 팩

상품이 신진대사를 원활하게 하고, 노화를 방지하며, 만성 피로와 성인병 예방 및 벌레 물린 데에 효과가 있다고 하여 비누나 팩과 같은 미용용품으로도 개발되어 시중에 판매되고 있습니다.

 토룡탕과 용봉탕

가장 널리 알려진 토룡탕을 만드는 방법은 다음과 같습니다.
먼저 지렁이를 잡아서 며칠 동안 헝겊이나 종이로 덮어 둡니다. 그동안 섭취한 먹이를 완전히 소화시켜 배설물을 배출하도록 하기 위해서지요. 배설물을 다 배출한 지렁이를 깨끗한 물에 씻은 후, 끓는 물에 조금씩 넣어 가면서 감초, 계피, 대추를 함께 넣어 10시간 정도 푹 끓이면 토룡탕이 완성됩니다.
토룡탕 외에 지렁이와 관련된 음식으로는 용봉탕도 있습니다. 옛날 어느 효자가 병에 걸린 아버지에게 물을 떠다 주었는데, 나중에 알고 보니 그 물을 떠 온 웅덩이에 수많은 지렁이가 죽어 있었습니다. 어제까지만 해도 식욕을 잃고 죽어가던 아버지는 그 물을 마신 후 갑자기 닭고기가 먹고 싶다고 했고, 닭 한 마리를 삶아 먹은 후 기운을 차리고 병이 나았다고 합니다. 이 이야기에서 유래한 것이 바로 용봉탕인데, 지렁이를 먹여서 기른 닭을 삶은 음식이나 지렁이를 넣어 삶은 닭을 모두 용봉탕이라고 부릅니다. 지방에 따라서는 잉어와 닭을 고아 만든 음식, 자라와 닭을 함께 삶은 음식도 용봉탕이라고 하며, 그 외에도 여러 종류의 용봉탕이 전해지고 있습니다.

용봉탕

생태계를 지키는 파수꾼

포유류와 양서류의 먹을거리

 음식물 쓰레기를 먹어 치워서 환경을 깨끗하게 하고, 분변토로 땅을 기름지게 하고, 약도 만들고 비누도 만들다니 지렁이는 정말 쓸모가 많군요.

 아직도 더 남았어.

 에? 또 있어요?

 생태계 먹이 사슬의 아래 단계에서 거의 모든 동물을 먹여 살리지.

지렁이는 주변의 동물이나 곤충들로부터 공격을 받아도 방어할 방법이 거의 없습니다. 그래서 지렁이가 있는 곳에는 언제나 많은 동물들이 모여들어 손쉽게 지렁이를 잡아먹고 단백질을 보충합니다.

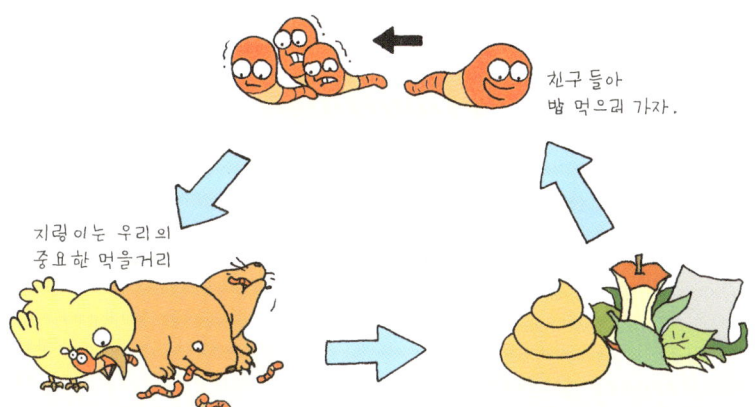

지렁이와 생태계 순환 관계

주변의 모든 동물이 지렁이를 먹이로 삼는다고 해도 과언이 아닙니다. 두더지, 오소리, 고슴도치, 수달 등의 포유류와 개구리, 도롱뇽, 두꺼비 등의 양서류가 지렁이를 특히 즐겨 먹습니다. 두더지는 하루에 약 60마리 정도의 지렁이를 잡아먹는 왕성한 포식자인데, 일단 지렁이를 잡으면 머리를 잘라 도망가지 못하게 만든 후에 그 부분을 먼저 먹고, 나머지 부분은 저장해 두고 먹습니다.

지렁이를 먹고 있는 달팽이

젊은 지렁이는 두더지가 땅속에 굴을 파면서 접근할 때 생기는 진동을 느끼고 재빨리 도망가 버리기 때문에 주로 늙고 약한 지렁이가 두더지에게 잡아먹힙니다.

지렁이를 잡은 개구리

늙어서 쇠약해진 지렁이가 천적들에게 잡아먹히더라도 젊은 지렁이가 왕성하게 번식하기 때문에 생태계 내에서 적당한 밀도를 늘 유지할 수 있습니다.

새들의 먹을거리

 저는 지렁이가 주로 새들에게 잡아먹힌다고 생각했어요. 어미 새가 새끼에게 먹이를 먹여 주는 사진이나 그림을 보면 주로 지렁이를 물고 있잖아요.

 맞아. 새들에게도 지렁이는 매우 중요한 먹이지.

새끼들에게 지렁이를 먹이는 호랑지빠귀

포유류나 양서류에 못지않게 새들도 지렁이를 잘 먹습니다. 지렁이는 낮 동안에 굴속에 숨어 있다가 밤이 되면 굴 밖으로 나와 활동을 하고 새벽녘에 다시 굴속으로 찾아듭니다. 이때는 일찍 일어난 새들이 먹이를 찾는 시간이므로 미처 굴속으로 되돌아가지 못한 지렁이는 부지런한 새들의 아침밥이 되는 것입니다.

> "일찍 일어나는 새가 벌레를 잡아먹는다."라는 속담의 뜻을 이제 확실히 알겠지?
>
> 그렇군요. 지렁이도 부지런한 새들에게 잡아먹히지 않으려면 더 서둘러야겠어요.
>
> 하하, 지렁이가 너무 부지런해지면 새들은 배가 고파질 거야. 지렁이처럼 잡기 쉽고 영양 만점인 먹이도 흔치 않으니까.
>
> 하지만 지렁이가 불쌍해요. 세상에 이로운 일을 하는데 주변 동물들에게 잡아먹히기만 하잖아요. 저라도 지렁이를 응원해야죠.

　자기만의 독특한 방법으로 지렁이를 사냥하는 새들도 있습니다. 도요새는 날씨가 건조해 지렁이가 굴 밖으로 나오지 않으면 직접 땅에 내려 앉아 부리로 땅을 쪼는 행동을 합니다. 이 진동을 비가 오는 것으로 착각한 지렁이가 땅 위로 올라오면 잡아먹는 것입니다. 이는 도요새가 땅속 지렁이의 작은 움직임도 느낄 수 있는 예민한 신경을 부리와 발바닥에 갖고 있는 덕분이지요.

　날지 못하는 키위새는 낮에는 나무 구멍이나 땅굴에 숨어 있다가 밤이 되면 활동하는 야행성 조류입니다. 눈이 약간 퇴화되어 시력은 좋지 않지만 대신 후각이 매우 뛰어납니다. 그래서 캄캄한 밤중에도 부리를 땅속에 찔러 넣고 부리 끝에 있는 코로 냄새를 맡아 지렁이를 찾아냅니다.

새들에게 지렁이는 맛있을 뿐 아니라 몸에도 좋은 먹잇감입니다. 미국의 로데일J.I. Rodale이 쓴 『유기 농업the dart』이라는 책에 따르면 일어서지 못하는 병에 걸린 닭에게 지렁이를 먹였더니 2주 정도 지나 완전히 회복을 한 사례가 있습니다. 또 움직이지도 않고 먹이도 잘 먹지 않는 병아리에게 지렁이를 먹였더니 활기를 되찾고 건강하게 자란 경우도 있다고 합니다. 어쩌면 지렁이가 건강에 이롭다는 사실을 새들은 본능적으로 알고 있는지도 모르지요.

제비가 낮게 날면 왜 비가 올까?

우리 조상들은 제비가 낮게 날면 비가 올 징조라고 여겼습니다. 비가 오기 전에는 습도가 높고 기압이 낮아집니다. 이런 날씨에는 위로 올라갈수록 기압이 높아지기 때문에 곤충들은 본능적으로 낮게 활동합니다. 또 습기 때문에 날개가 무거워져 높이 날기에 힘이 들지요. 먹이가 낮은 곳에서 활동하므로 사냥을 하려면 당연히 제비도 낮게 날 수밖에 없습니다. 제비가 좋아하는 먹이인 지렁이도 흐린 날에는 땅 위로 올라오기 때문에 제비는 낮게 날수록 먹이를 구하기가 쉬워집니다.

물고기들의 먹을거리

 지렁이를 좋아하는 동물을 저도 알아요. 아빠와 낚시할 때 지렁이를 미끼로 쓴 적이 있거든요.

 그걸 잊을 뻔했구나. 일상생활에서 가장 널리 지렁이를 이용하는 방법인데 말야.

어항에 기르는 붕어의 먹이나 낚시 미끼로 흔히 지렁이를 사용하는 것을 보면 물고기들도 지렁이를 맛있게 먹는 것을 알 수 있습니다.

저수지나 연못 같은 민물에서 낚시를 할 때는 인공 사육한 줄지렁이나 붉은지렁이를 주로 사용하고, 바닷가에서는 갯지렁이를 미끼로 씁니다. 캐나다나 미국에서 연어처럼 큰 물고기를 잡을 때는 나이트크롤러와 같은 야생 지렁이를 사용하기도 합니다.

낚시 바늘에 끼운 지렁이

민물에 사는 실지렁이는 하천에 서식하는 다양한 물고기들의 먹이가 됩니다. 물고기 양식장에서는 지렁이를 말려 가루를 낸 것에 비타민C와 같은 영양제나 바닷말을 섞은 사료를 어류의 산란기에 많이 사용합니다.

물고기들의 좋은 먹이인 실지렁이

지렁이 사냥꾼

미국이나 캐나다에는 지렁이를 잡는 일을 직업으로 삼는 사람들이 있습니다. 이들은 주로 들이나 밭에서 지렁이를 잡는데, 밤에 활동하는 지렁이의 습성 때문에 주로 밤에 작업을 합니다. 어두워서 잘 보이지 않는데다가 촉촉하고 미끄러운 지렁이의 피부 때문에 지렁이 사냥꾼들은 특별한 대비를 해야 합니다.

양손을 사용하기 위해서 헤어밴드를 이용해 손전등을 이마에 달고, 지렁이가 빠져 나가지 못하도록 모래나 톱밥을 묻힌 장갑을 끼고, 채취한 지렁이를 담을 통을 발목에 묶습니다. 이렇게 잡은 지렁이는 낚시용 미끼로 공급됩니다.

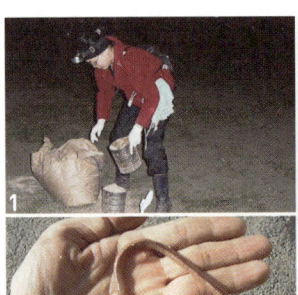
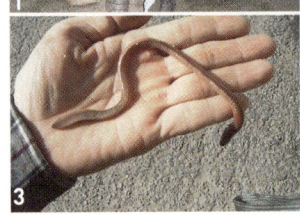

1 장갑에 톱밥을 묻히는 장면
2 머리에 손전등, 다리에 지렁이 보관용 깡통을 찬 지렁이 사냥꾼
3 들에서 잡은 야생 지렁이

❹ Chapter tip

세계 곳곳의 지렁이 음식

지렁이를 약품이나 동물 먹이로 이용하는 우리나라에서는 사람이 직접 음식으로 먹는 경우는 드문데, 외국에서는 식품으로 개발하여 활용하는 일이 종종 있습니다.

일본의 하타이畑井新喜司라는 사람이 쓴 『지렁이』라는 책에는 뉴질랜드, 중국 등의 나라에서 지렁이를 식용하는 예가 나옵니다. 미국의 에드워드C.A. Edwards와 로프티J.R. Lofty도 『지렁이 생물학』에서 뉴질랜드의 마오리 사람들이 지렁이를 음식으로 사용하며, 아프리카 일부 지역과 파푸아뉴기니에서도 산 지렁이를 먹는다고 적고 있습니다.

미국의 개디Ronald E. Gaddie와 더글라스Donald E. Douglas의 책 『지렁이의 생태와 유용성』에는 1975년 캘리포니아 주 온타리오에서 상금 500달러를 걸고 지렁이 요리 대회가 개최되었다는 내용이 있습니다. 이 대회에서 지렁이 케이크, 지렁이 파이와 같은 요리가 입선했다고 하는데, 요리 대회까지 열린다는 사실에서 지렁이가 비교적 널리 식용되고 있으며, 그 요리도 다양하다는 사실을 알 수 있습니다.

미국에서는 지렁이를 가루로 만들어 사과즙을 넣고 케이크 또는 빵으로

굽거나 치즈와 같은 제품으로 만들어 먹고 있으며, 1997년에는 뉴욕 시에서 지렁이 달걀볶음과 튀김이 판매된 적이 있다고 합니다.

타이완臺灣의 지룽基隆 시에서도 지렁이 요리를 판매하며, 지렁이 양식 회사인 백리지룡공사百利地龍公司에서 개최한 지렁이 요리 맛보기 대회에서는 지렁이와 달걀을 볶은 음식, 지렁이와 비둘기 알을 볶은 음식, 지렁이와 닭을 삶은 음식, 지렁이와 거북을 바삭바삭하게 튀긴 음식 등이 선을 보였습니다.

1995년 중국의 『대중건강』이라는 잡지에서는 광시성廣西省에 사는 동족洞族 농민이 지렁이를 배추에 넣어 절여 먹는다는 이야기가 소개되었습니다. 이 책에는 그 맛이 상쾌하고 부드러우며, 간의 기운을 돋워 주고 정신을 맑게 하며, 혈압을 내려 주는 작용이 있다고 적혀 있습니다.

① 나무 구멍에 사는 뚜르 ② 나무에서 뚜르를 잡는 모습 ③ 뚜르를 생으로 먹는 아이 ④ 뚜르수프

브라질의 아마존 북쪽 끝 마라조Marajo 섬에서는 망게이라나무를 파먹고 사는 '뚜르'라는 지렁이를 즐겨 먹는데, 생으로 먹기도 하고 야자수 우유에 각종 향료를 넣어 수프를 끓여 먹기도 합니다.

5장 옴짝옴짝 지렁이와 같이 살기

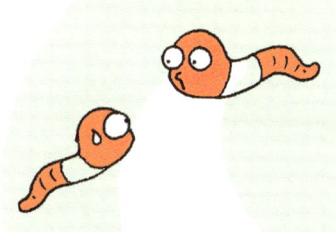

아파트에서 지렁이 키우기

지렁이를 키울 때 필요한 것

 지성이 너, 오늘 기분이 안 좋아 보이는데, 무슨 일이 있니?

 박사님… 훌쩍. 저 다음 달에 이사 가요. 길 건너 새로 생긴 아파트로요.

 그렇구나… 아파트가 생활하기 편하지. 학교도 더 가깝고….

 하지만 박사님과 헤어져야 하잖아요. 훌쩍… 지렁이하고도 그렇고요. 주영이는 신이 났는데 전 하나도 기쁘지 않아요.

 언제라도 놀러 오렴. 그리고 네가 키우던 지렁이는 데리고 가면 되잖니.

 아파트엔 흙이 없는데 어떻게 지렁이를 키워요?

 다 방법이 있지. 좋아, 내가 이별 선물을 준비해 두마.

    가정에서 지렁이를 키우려면 무엇이 필요할까요? 일단 기본적으로 지렁이가 필요하겠지요. 그리고 지렁이가 생활할 수 있는 공간과 먹을 식량도 필요합니다.

    이 세 가지 요소를 모두 갖춘 지렁이 사육 장치를 '지렁이 퇴비화 용기vermicomposter'라고 합니다. 물론 사육 용기나 먹이는 주변에서 흔히 볼 수 있는 재활용품과 음식물 쓰레기로 대신할 수도 있습니다.

    무엇보다 중요한 것은 늘 지렁이의 상태를 살피고 보살피는 부지런함이

지렁이를 키울 때 필요한 것

겠지요. 재미삼아 키우다가 귀찮아졌다고 방치하는 일이 없도록 생명의 소중함을 잊지 않고 늘 정성껏 돌보아야 합니다.

 농부가 된 의사

미국 텍사스에 살던 올리버J. S. Oliver 박사는 우연히 다윈이 쓴 지렁이에 관한 책을 읽고 강한 흥미를 느꼈습니다.

박사는 두 개의 화분을 준비한 후, 한 개의 화분에는 지렁이와 지렁이 알을 넣고, 나머지 화분에는 지렁이를 넣지 않고 그대로 둔 채 식물을 키웠습니다. 그 결과 지렁이가 들어 있는 화분에 심은 식물이 훨씬 잘 자랐고, 올리버 박사는 지렁이를 번식시키는 방법을 연구해 성공적인 결과를 거두었습니다.

그는 본격적으로 지렁이를 연구하기 위해 의사라는 직업을 그만두고 농부가 되었으며, 지렁이를 이용해 거친 땅을 옥토로 바꾸어 나갔습니다. 나중에는 캘리포니아에 지렁이 농장을 열어 최초로 지렁이를 사육한 사람이 되었답니다.

 자, 네게 주는 선물이다. 이제 이사를 가서도 덜 섭섭할 거야.

 이… 이게 뭐예요?

 아파트에서도 지렁이를 키울 수 있는 지렁이 퇴비화 용기란다. 어때, 맘에 드니?

지렁이 사육상을 만들자

 아파트에 사는 지렁이를 위해 만든 집이군요. 멋있어요!

 그래, 지렁이도 키우고, 지렁이가 내놓은 분변토를 이용해 채소를 키울 수도 있지. 몇 가지만 주의하면 여기서 키우는 것도 그다지 어렵지 않을 게다.

자연 상태의 지렁이는 땅속에 살지만 콘크리트나 시멘트 벽돌로 되어 있는 장소에서 지렁이를 기를 때는 지렁이가 살 수 있는 환경을 새로 만들어 주어야 합니다.

지렁이 퇴비화 용기는 사과 상자, 화분, 스티로폼 용기, 플라스틱 상자로도 만들 수 있어 소재에 제한이 없고 모양이나 재질에도 구애를 받지 않습니다. 단, 반드시 공기가 잘 통해야 하고, 바닥에 물이 빠져나갈 수 있는 구멍이 있어야 합니다.

여러 나라에서 개발된 다양한 형태의 지렁이 퇴비화 용기에는 먹이 투입을 위한 뚜껑과 지렁이가 살 수 있는 서식처, 그리고 배수 기능이 공통적으로 갖추어져 있습니다.

지렁이 퇴비화 용기 구조도

지렁이 사육상 바닥에 구멍이 없다면?

피부로 숨을 쉬는 지렁이는 호흡을 하기 위해서 항상 적당한 습기를 유지해야 하므로 물은 생존을 위한 필수 조건입니다. 그래서 지렁이를 키우는 사육상에 간간이 물을 뿌려 주는데, 바닥에 구멍이 없으면 먹이와 흙으로 스며들고 남은 물이 빠지지 못하고 썩어 메탄이나 황화수소 등의 가스를 만들어 냅니다. 이 가스들은 고약한 냄새가 나고 지렁이에게도 해롭기 때문에 남은 물이 아래로 빠질 수 있도록 바닥에 구멍을 뚫어 놓는 것입니다.

 좀 작지 않을까요? 제 화단에 있는 지렁이가 다 살기 힘들 것 같아요.

 일단 작은 곳에서 몇 마리만 키우다가 자신감이 생기면 큰 용기로 옮기려무나. 처음엔 시험삼아 우유팩이나 작은 화분에 키워 보는 것도 좋아.

 네, 알겠어요. 그런데 이 용기는 어디에 두는 것이 좋을까요?

지렁이 사육상은 햇빛이 잘 들지 않고 진동이 없으며, 온도는 섭씨 10~25도 범위인 곳에 두는 것이 적합합니다. 일반 가정에서는 보통 화분을 놓아두는 발코니, 테라스, 장독대, 차고, 화단, 옥상, 지하실 등에 두면 큰 문제가 없지만, 여름에 섭씨 30도 이상이 되거나 겨울에 섭씨 0도 이하로 떨어지면 실내로 옮겨 온도를 조절해 주어야 합니다.

만약 지렁이 퇴비화 용기를 겨울철에도 밖에 둘 수밖에 없는 상황이라면 어항에 사용하

플라스틱 다단 지렁이 사육장

는 가온기를 음료수 페트병에 넣어 밀봉한 후, 사육상 흙 속에 넣어 두면 많은 비용을 들이지 않고도 보온이 되어 추위를 견딜 수 있습니다.

 지렁이 퇴비화 용기에 덮개를 덮는 이유

이 역시 지렁이의 피부 호흡 때문입니다. 지렁이가 호흡을 하려면 피부가 항상 촉촉하게 젖어 있어야 합니다. 만약 햇빛에 노출되면 피부가 건조해져서 숨을 쉴 수 없지요. 지렁이가 빛을 두려워하고 피하는 것은 살기 위한 방어 작용입니다. 지렁이를 사육하는 퇴비화 용기는 지렁이가 잘 살 수 있는 환경을 조성한 것으로 외부와 맞닿는 지표면이 쉽게 마를 수 있으므로 덮개를 덮어 빛을 차단하고 수분의 증발을 막는 것입니다.

사육상의 지렁이

 박사님, 사육상에서 키울 수 있는 지렁이 종류가 따로 있어요?

 우리나라에서는 주로 붉은줄지렁이와 팔딱이지렁이를 양식하지. 야생 지렁이는 활동 범위가 넓고 굴도 2~3미터로 깊기 때문에 아파트의 사육상에서는 기르기 힘들 거야.

 그럼 지렁이를 어디서 구하지요?

 동네 낚시용품 전문점에서 파는 지렁이를 구입해 키우면 되지. 하천이나 목장 주변의 습기가 많은 곳에 가서 붉은줄지렁이를 잡아다 길러도 되고. 하지만 넌 화단에 붉은줄지렁이가 있으니 걱정할 필요가 없잖니? 그동안 정이 많이 들었을 테니 기르던 녀석들을 데려가렴.

 맞다, 그랬었지. 헤헤.

 아참, 깜박할 뻔했구나. 지렁이를 사육상에 넣을 때 주의해야 할 점이 있단다.

 잠깐만요, 연필과 종이를 가져와 받아 적어야겠어요. 화단에서 기를 때하고는 아무래도 다를 테니 꼼꼼하게 챙겨야죠.

 직접 채집하거나 낚시용품 전문점에서 구입해 온 지렁이를 사육상에 옮길 때는 지렁이를 안정시키는 것이 중요합니다. 먼 거리를 이동해 새로운 곳에 이사 온 지렁이가 낯선 환경에 잘 적응할 수 있도록 세심

한 신경을 써야 합니다.

먼저 분변토나 흙을 사육상에 넣고 물을 부어 수분을 60~70퍼센트 정도로 축축하게 만들어 준 다음 적당한 마리 수의 지렁이를 넣어 줍니다. 이때 지렁이에게 바로 먹이를 줘서는 절대로 안 됩니다. 이동하면서 스트레스를 받은 지렁이는 기진맥진하여 아무것도 먹을 수 없는 상태이기 때문에 넣어 둔 먹이가 썩어 버려 지렁이의 생활 환경을 해칠 수 있습니다.

2~3일 정도 먹이를 주지 않고 관찰하다가 지렁이가 활성을 회복하면 가장 좋아하는 먹이인 채소나 과일 껍질을 조금씩 넣어 줍니다. 잘 먹고 활발하게 움직이면 먹이의 양을 조금씩 늘려서 정상적인 양으로 조절해 줍니다.

지렁이 먹이 주기

 이제 지렁이 키울 준비가 다 된 것 같아요.

 잠깐, 가장 중요한 지렁이 먹이는 어떻게 할 거니?

 먹이는 걱정 없어요. 지렁이는 못 먹는 게 없잖아요. 음식물 쓰레기, 종이, 배설물, 심지어 옷까지 먹는 걸요.

 그렇다고 아무 때나 아무 거나 막 먹이면 안 돼. 주의할 점을 하나하나 알려 주마.

🪱 처음 지렁이를 키우기 시작할 때는 과일이나 채소 껍질처럼 지렁이가 좋아하는 먹이로 시작하여 다른 음식물로 옮겨 가는 것이 좋습니다.

🪱 중금속이나 농약이 섞여 있는 먹이를 주면 사육상을 벗어나 도망가거나 죽을 수 있으므로 주의해야 합니다.

🪱 먹이는 날마다 조금씩 주는 것이 가장 좋지만 2~3일이나 3~4일에 한 번 정도 주어도 괜찮습니다.

🪱 지렁이가 아주 잘 먹는 과일 껍질, 채소 껍질, 감자 등은 잘게 썰어 주

면 훨씬 잘 먹습니다. 잘게 다져 흙 속에 묻고 잘 덮어 두면 날파리나 냄새도 생기지 않고 지렁이도 편하게 먹습니다.

- 먹이는 수분을 줄이고, 소금기를 뺀 다음에 주어야 합니다. 수분이 많으면 썩기 쉽고, 소금기가 많으면 잘 먹지 못합니다.

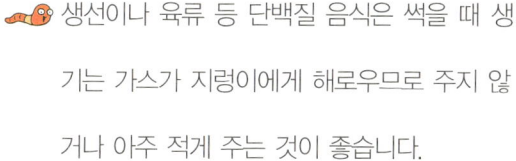

- 생선이나 육류 등 단백질 음식은 썩을 때 생기는 가스가 지렁이에게 해로우므로 주지 않거나 아주 적게 주는 것이 좋습니다.

- 오렌지 껍질은 수입 과정에서 뿌린 방부제나 농약 등 화학 물질이 섞여 있으므로 먹이로 적당하지 않습니다.

- 사육상에 먹이가 모두 없어졌으면 간격에 상관없이 먹이를 줍니다.

- 지렁이의 움직임이 둔해지고 먹이도 잘 먹지 못하면 종이 상자를 물에 불려서 줍니다. 사육상 내부가 너무 습할 때는 젖지 않은 종이를 넣어 수분을 조절합니다. 지렁이에게 종이는 환경을 쾌적하게 만들고 약도 되는 고마운 먹이입니다.

사육상 관리하기

 지렁이에 대해 잘 안다고 생각했는데 주의할 점이 이렇게 많다니… 큰일 날 뻔했어요.

 사육상에서 기를 땐 좀 더 세심하게 신경을 써야 해. 생활 환경이 나빠져도 다른 데로 옮겨 갈 수 없어서 지렁이에게 위험할 수 있거든.

 사육상을 관리하는 방법도 좀 알려 주세요.

지렁이가 좋아하는 습도는 60~70퍼센트 정도입니다. 건조할 때는 물론이고 너무 습해도 공기가 통하지 않아 숨을 쉴 수 없기 때문에 지렁이의 활동이 둔해집니다. 사육상의 흙은 축축하거나 약간 부슬부슬한 정도가 적당합니다. 손에 쥐고 힘을 주면 잘 뭉쳐지고, 톡 건드리면 흩어지는 정도가 좋습니다. 수분이 부족하다고 생각되면 물뿌리개로 물을 살짝 뿌려 수분을 공급합니다.

사육상의 지표면은 공기와 맞닿아 있어 건조해지기 쉬우므로 헝겊을 덮어 수분이 날아가는 것을 막아 주면 좋습니다.

건조한 날씨엔 물을 살짝 뿌려 주세요.

꿈틀 박사님, 도와주세요!

지렁이가 밖으로 뛰쳐나오면?

"따르릉~따르릉~"

네, 꿈틀 박사입니다.

박사님, 저 지성이에요!

오~ 지성이구나! 잘 지냈니? 지렁이들도 잘 있고?

네, 저는 괜찮아요. 그런데 지렁이들은 그렇지 않은 거 같아요.

무슨 일인데 그러니? 뭐든지 물어보렴.

지렁이가 자꾸 사육상을 탈출하려고 해요. 어떻게 하면 좋죠?

지렁이가 사육상 밖으로 뛰쳐나온다면 뭔가 사육상의 환경에 문제가 있는 것입니다. 생활 환경이 쾌적하다면 밖으로 나오지 않겠지요.

이럴 때는 분변토의 습기가 너무 높은 것은 아닌지, 먹이가 썩으면서 가스가 발생한 것은 아닌지 잘 살펴보고 원인을 제거해야 합니다. 환경을 개선시키지 않은 채 사육상으로부터 도망친 지렁이를 돌려보내기만 한다면 지렁이의 생명이 위험해질 수도 있습니다.

지렁이가 한데 뭉쳐 있을 때도 무엇인가 불만이 있다는 뜻입니다.

지렁이는 생활하기 불편한 환경이 되면 똘똘 뭉치고, 살기에 편하면 흩어져서 생활하는 습성이 있기 때문입니다.

이때도 사육상 안의 습도와 온도를 확인해 보거나 먹이로 준 음식물이 부패해 유독한 가스를 내뿜고 있는지 살펴보고 적절한 조치를 취해 주어야 합니다.

벌레가 생겼다면?

 지렁이는 사람처럼 말을 하거나 강아지처럼 낑낑거려서 불편을 호소할 수 없으니 더욱 잘 보살펴야 해.

 맞아요, 표정도 볼 수가 없으니 알아서 미리미리 잘 해야 돼요. 습도, 온도 조절도 그렇고, 벌레도 잡아줘야 하고요.

 벌레가 생겼니?

사육상은 습도와 영양분이 충분해 쉽게 벌레가 생길 수 있습니다. 벌레의 종류가 다양하므로 원인에 따라 대처 방법을 알아 두어야 합니다.

지렁이 새끼로 착각하기 쉬운 흰벌레는 습도가 높아지면 생깁니다. 지렁이를 괴롭히지 않으므로 크게 걱정할 필요는 없으며, 음식물의 양을 줄여 습도를 낮추면 없어집니다.

날파리도 지렁이에 해를 끼치지는 않지만 사람을 귀찮게 하므로 진공청소기로 흡입하거나 약간의 모기약을 사육상에 들

어가지 않게 조심하면서 뿌려 없앱니다. 또 식초를 약간 탄 물을 병에 담아 옆에 놓아두면 스스로 날아들어 빠져 죽습니다.

날파리가 생기지 않도록 하려면 사육상 입구를 모기장으로 막아 놓거나 먹이를 흙 속에 잘 묻어 두어 두는 것이 좋습니다. 또 지렁이가 처리할 수 없을 만큼 많은 먹이를 주지 않도록 주의해야 합니다.

구더기는 지렁이의 먹이를 빼앗아 먹으므로 반드시 잡아 없애야 합니다. 더구나 구더기가 생기면 파리가 생겨 위생적으로 나쁘고, 다시 구더기가 생기는 악순환이 이루어집니다. 구더기는 먹이를 묻어 두지 않을 때 생기므로 습도 조절에 주의해야 합니다.

 지렁이는 주로 잘 썩는 채소나 과일 껍질을 먹기 때문에 아무래도 벌레가 생기기 마련이지.

 게다가 지렁이는 자기 먹이를 빼앗아 먹는 벌레를 공격하거나 내쫓지도 않는 평화주의자니까요.

오랫동안 집을 비워야 한다면?

🧑 박사님, 방학 때 시골 할머니 댁에 갈 생각인데 지렁이 좀 맡아 주세요. 상자가 무거워서 데리고 가기 힘들 것 같아요.

👨 얼마나 걸리는데?

🧑 일주일 정도 있다가 올 예정이에요.

👨 그럼 그냥 두고 가도 괜찮아. 어느 정도까지는 돌봐 주지 않아도 혼자 잘 지낸단다.

애완동물은 늘 누군가 돌보아야 하며, 오랫동안 집을 비우게 되면 함께 데리고 가거나 동물병원 등에 맡겨야 합니다. 하지만 지렁이는 일주일에서 반 달 정도는 혼자서도 잘 지냅니다. 가벼운 주말 나들이 정도는 신경 쓰지 않아도 될 정도이며, 더 오랜 기간 동안 돌보지 못하더라도 습도와 온도만 적절하게 유지되면 사는 데 지장이 없습니다.

👨 다만 온도에는 신경을 좀 써야 할 거야. 너무 추우면 수분이 얼어서 지렁이가 숨을 못 쉬어 죽고 말거든.

🧑 혹시 모르니까 엄마께 부탁해 두어야겠어요.

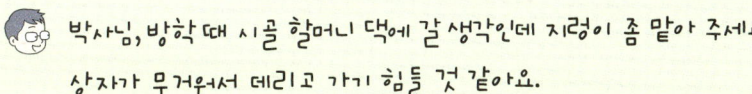

지렁이와 함께 춤을

 박사님~, 저 왔어요!

 아이쿠, 반가운 손님이 왔구나. 그런데 손에 든 건 뭐니?

 분변토로 제가 직접 기른 토마토와 상추예요. 박사님 드리려고 가져왔어요.

 정말 이걸 모두 네가 길렀다고?

 당연히 지렁이하고 같이 길렀죠. 엄마도 아주 쪼금 도와주셨고요, 헤헤.

지렁이를 키울 때는 분변토를 이용해 채소를 가꿀 수 있습니다. 분변토와 흙의 비율을 약 3대 7로 섞어서 조그만 밭을 꾸민 다음, 키워 보고 싶은 채소의 씨앗을 뿌리면 됩니다.

밭을 꾸밀 수 없을 때는 큰 상자나 화분에 길러도 괜찮습니다.

집에서 지렁이를 키우고 그 배설물을 이용해 채소를 가꾸어 보는 것은 작물을 재배하기 어려운 도시 지역에서 농사를 경험할 수 있는 좋은 방법입니다.

그뿐만 아니라 음식물 쓰레기도 줄이고, 화학 비료를 사용하지 않는 유기농 채소를 섭취할 수 있기 때문에 자연과 사람에게 모두 좋은 친환경적

지렁이 분변토로 채소 키우기

생활을 할 수 있답니다.

파릇하게 돋아나는 채소들을 땀 흘려 기르고, 직접 길러낸 채소를 온 가족이 함께 먹는다면 정말 행복하겠지요.

> 🧑 베란다가 상추 화분들로 가득해요. 앞으로는 화분을 더 늘려서 아빠가 고추와 가지도 키우신댔어요.
>
> 🧔 온 가족이 지렁이 농사에 나섰구나.
>
> 🧑 채소를 직접 길러서 먹으니까 훨씬 더 맛있어요. 채소가 자라는 걸 볼 수 있어서 재미있고요. 이게 다 박사님 덕분이에요.
>
> 🧔 내가 아니라 지렁이 덕분이지, 하하.

5 Chapter tip

세상의 많은 지렁이

기네스북에 오른 세상에서 가장 큰 지렁이는 남아프리카의 마이크로캐터 스래피 Microcaethus rappi 인데, 자연스럽게 몸체가 축소된 상태의 길이가 무려 6.7미터, 굵기는 20밀리미터입니다. 반대로 가장 작은 지렁이 종류는 주로 숲속에서 생활하는 것으로 길이 10~20밀리미터, 굵기는 1~1.5밀리미터 정도입

참갯지렁이   갯지렁이

괴물유령갯지렁이

개불 사진 제공: 박수현 국제신문 사진부 기자

니다. 사육하는 지렁이가 아닌 야생 지렁이는 약 30센티미터 정도면 큰 편에 속합니다.

지구 상에는 어디나 있다고 할 정도로 육지는 물론 갯벌과 하천, 바닷속 깊은 곳에도 살고 있는 지렁이는 사는 장소가 다양한 만큼 종류도 다양합니다.

지렁이가 속한 환형동물 무리에는 약 9000종의 동물이 있는데, 그중 5000~6000종 정도는 해안의 갯벌 등에 널리 퍼져 살며, 약 3000종은 민물과 육지의 흙 속에 살고 있습니다. 우리나라에도 육지에는 67종, 해안에는 297종의 지렁이가 살고 있습니다. 육지의 지렁이가 흙을 순환시키는 것과 같이 바닷가에 사는 갯지렁이 종류도 물을 오염시키는 유기 물질을 먹어 치워 바다를 정화시키는 역할을 합니다.

부록
지렁이 관찰 일기

관찰한 날	0월 0일	기록한 날	0월 0일
관찰한 곳	뒷산	날씨	흐림
관찰 주제	지렁이 분변토 찾아보기		

관찰 내용

지렁이의 분변토를 자연에서 직접 찾아보기로 했다. 공원에 나가 보니 잔디 사이에 지렁이 똥(분변토)이 여기저기 보였다. 지렁이 똥 무더기는 높이 10센티미터로 큰 것도 있고 작은 것도 있었다. 분변토를 들춰 보니 밑에 구멍이 뚫려 있었다. 지렁이가 분변토를 배설하면서 생긴 것인가 보다.

그런데 찾아내고 나니 한 가지 의문이 들었다. 지렁이는 땅속에 굴을 파고 사는데 왜 굴 안에 똥을 누지 않을까? 집 안에 똥을 누면 집이 지저분해질까봐 그러는 걸까?

풀 속 지렁이 분변토 (둔덕형)

땅 밖으로 배설하는 지렁이

지렁이 분변토(탑형)

비고

박사님께 여쭈어 보니 지렁이는 배설할 때 몸을 땅속에 둔 채 꼬리만 땅 위로 내밀거나 몸 전체가 땅 위로 나온다고 한다. 지렁이도 침실과 화장실을 구별해 사용하나 보다.

관찰한 날	0월 0일	기록한 날	0월 0일
관찰한 곳	학교 운동장 구석	날씨	맑음
관찰 주제	개미굴과 지렁이 굴은 어떻게 다를까?		
관찰 내용	학교 운동장 구석에서 지렁이가 살고 있을 만한 흙무더기를 발견했는데, 막상 그곳을 파 보니 지렁이 대신 개미들이 우르르 몰려나와 깜짝 놀랐다. 풀이나 식물의 잎 같은 것으로 가려져 있는 개미굴의 입구를 흙이 쌓여 있는 모습으로 착각한 것이다. 몇 번의 실수 끝에 겨우 지렁이 굴을 찾아냈다! 지렁이 굴과 개미굴을 비교해 보니 출입구의 모양이 조금 달랐다. 지렁이 굴은 몽글몽글한 알갱이 모양의 분변토가 굴 주변을 둘러싸고 있는 반면 개미굴은 개미가 땅굴을 파면서 지표면 위로 흙을 내어 놓아 흙이나 돌로 이루어져 있다. 또 지렁이 굴의 입구는 분변토로 뒤덮여 잘 보이지 않는데, 개미굴의 입구는 흙더미 중간 부분에 구멍이 뚜렷하게 드러나 있었다.		
비고	지렁이 굴과 개미굴을 관찰한 후에는 다시 원래대로 잘 덮어 두어야 한다.		

지렁이굴 모양

개미굴 모양

관찰한 날	0월 0일	기록한 날	0월 0일
관찰한 곳	하굣길	날씨	흐리다 갬
관찰 주제	낮에 나온 지렁이 관찰하기		
관찰 내용	방과 후 집에 가는 길에 우연히 지렁이를 발견했다. 하루 종일 흐렸다가 막 햇빛이 나왔는데 미처 땅속 집으로 돌아가지 못한 모양이다. 풀이 있는 곳이라면 햇빛과 천적으로부터 피할 수 있을 텐데 보도블록 위에 있으니 너무 위험해 보였다. 햇빛 때문에 몸이 말라서 움직이는 것조차 힘들어 보였다.		

보도블록 위의 지렁이

모래가 묻어 죽은 지렁이

비고	지렁이를 조심스럽게 집어 들어 가로수 아래로 옮겨 주었다.

관찰한 날	O월 O일	기록한 날	O월 O일
관찰한 곳	집 앞 도로	날씨	흐리다 갬
관찰 주제	길에 나온 지렁이 옮겨 주기		

관찰 내용

지난번에 지렁이를 옮겨 주었던 얘기를 박사님께 했더니 지렁이를 옮기는 방법을 자세히 알려 주셨다. 마침 오늘도 흐리다 갠 날씨 탓에 도로에 나온 지렁이를 발견하고 배운 대로 해 보았다.

손으로 잡거나 나무 막대로 집어 올리려고 하면 지렁이는 공격을 당하는 것이라 생각해 달아나려고 몸부림을 친다. 그래서 나뭇잎이나 종이로 지렁이를 감싸듯이 조심스럽게 덮어 잡았다. 그런 다음 길가 잔디밭으로 옮겨 주니 지렁이는 잠시 주변을 돌아보더니 안전하다고 생각되었는지 느릿느릿 땅속으로 파고들었다. 땅을 파는 것을 조금 힘들어 하는 것 같아서 주변 흙에 물을 조금 뿌려 주었다.

잔디밭으로 옮긴 지렁이

땅속으로 들어가는 지렁이

비고

도로에 나와 있는 지렁이는 천적이나 햇빛뿐만 아니라 쌩쌩 지나다니는 자동차 때문에 더욱 위험에 처한다.

관찰한 날	0월 0일	기록한 날	0월 0일
관찰한 곳	도로 주변의 흙	날씨	맑음
관찰 주제	개미가 지렁이 옮기는 현장 관찰하기		

관찰 내용

요즘 비가 왔다가 맑게 개는 날이 잦아지면서 미처 굴로 돌아가지 못하고 죽은 지렁이들이 눈에 많이 띈다. 오늘은 친구네 집에 다녀오다가 개미들이 죽은 지렁이를 옮기려 하는 것을 우연히 보았다. 처음에 개미는 지렁이가 죽었다는 것을 확인하기 위해 주변을 살펴보는 것 같았다. 그 다음에 흙이나 나뭇잎 조각으로 지렁이를 숨겼다. 왜 옮기지 않고 숨겨 둘까 궁금해 하고 있는데 한참 후에 그 이유를 알게 되었다. 친구 개미들이 여러 마리 나타나 함께 지렁이를 옮기는 것이다! 개미는 자기 몸보다 훨씬 큰 지렁이를 혼자서 멀리 옮길 수가 없어 친구의 도움을 받아야 하는데, 친구들이 오기 전에 다른 동물들이 가로채지 못하도록 먹이를 숨겨 두었던 것이다. 개미는 참 똑똑하다.

말라 죽은 지렁이를 옮기는 개미

비고

왠지 지렁이 관찰이라기보다는 개미 관찰이 되어 버렸다.

관찰한 날	0월 0일	기록한 날	0월 0일
관찰한 곳	꿈틀 박사님 실험실	날씨	맑음
관찰 주제	빛에 대한 지렁이 행동 관찰하기		

관찰 내용

박사님 댁에서 간단한 장치를 이용해 빛에 대한 지렁이의 행동을 관찰했다. 먼저 네잎 클로버처럼 생긴 투명 실험 용기를 만들어 각각 투명 셀로판지(밝음), 노랑 셀로판지(약간 밝음), 파랑 셀로판지(조금 어두움), 고무판(어두움)을 붙였다. 실험 용기 안에 지렁이를 넣자 지렁이의 80퍼센트 이상이 밝은 상자에서 어두운 상자로 모여들었다. 투명 셀로판지를 붙인 상자에는 한 마리도 남아 있지 않은 걸 보니 지렁이는 정말 빛을 싫어하나 보다.

비고

지렁이의 오른쪽에 빛을 비추면 왼쪽으로 피하고, 왼쪽에 비추면 오른쪽으로 피한다. 이렇게 빛의 반대쪽으로 가는 성격을 음주성(陰走性), 빛을 좇아 빛의 방향으로 움직이는 성격을 양주성(陽走性)이라고 한다고 박사님이 가르쳐 주셨다. 음주성 동물은 구더기, 플라나리아 등이고, 양주성 동물은 모기, 나방, 대부분의 물고기, 오징어 등이다.

관찰한 날	0월 0일	기록한 날	0월 0일
관찰한 곳	화단	날씨	흐림
관찰 주제	장애물이 있을 때는 어떻게 할까?		
관찰 내용	날씨가 흐려 굴 밖으로 나온 지렁이의 앞에 돌을 놓아 보았다. 지렁이는 잠시 망설이더니 돌을 타고 넘어 갔다. 그런데 돌의 위치를 옮겨 가며 계속 앞에 놓았더니 꾀가 생겼는지 돌을 피해서 돌아갔다. 돌아가기는 하지만 절대로 가던 방향을 바꾸지 않고 꿋꿋하게 이동을 했다.		

장애물을 피해 돌아가는 지렁이

비고	그런데 장애물을 돌아갈 땐 왜 늘 왼쪽으로만 돌아가는 걸까?

관찰한 날	0월 0일	기록한 날	0월 0일
관찰한 곳	꿈틀 박사님 실험실	날씨	흐림
관찰 주제	움직이는 속도 관찰하기		

관찰 내용

행동이 굼뜨거나 느린 사람에게 굼벵이나 지렁이라고 놀리는 것을 들은 적이 있다. 정말 지렁이가 그렇게 느릴까? 또, 지렁이의 크기에 따라 속도가 달라질까?

먼저 0.01그램의 작은 지렁이, 4그램의 중간 지렁이, 8그램의 큰 지렁이를 준비해 놓고 이동 거리를 측정했다. 먹이를 찾아 이동하는 속도는 작은 지렁이가 1초에 0.2센티미터, 중간 지렁이는 1.5센티미터, 큰 지렁이는 2센티미터 정도였다. 크기가 클수록 이동 속도가 빠르고, 작으면 느리다는 것을 알 수 있었다. 빛을 비추면 재빨리 달아나는데, 이때도 크기가 클수록 빨랐다.

지렁이 크기별 이동 속도

비고

지렁이는 지구력이 약해서 10분 이상 지속적으로 움직이면 속도가 눈에 띄게 떨어진다.

관찰한 날	0월 0일	기록한 날	0월 0일
관찰한 곳	꿈틀 박사님 연구실	날씨	맑음
관찰 주제	지렁이의 지능은 어느 정도일까?		

관찰 내용

지렁이는 지능이 거의 없다는 박사님의 말씀을 듣고, 실제로 지렁이가 얼마나 똑똑한지 알아보고 싶었다. 박사님을 졸라 연구실에 간단한 장치를 만들었다.

왼쪽에는 지렁이가 싫어하는 모래와 재를 놓고, 오른쪽에는 지렁이가 좋아하는 젖은 흙을 놓아두었다. 지렁이를 가운데 데려다 놓으니 지렁이는 왼쪽으로 갔다가 모래와 재를 피해 오른쪽으로 이동했다. 두 번째, 세 번째에도 왼쪽으로 먼저 갔다가 오른쪽으로 갔는데, 네 번째부터는 드디어 오른쪽으로 먼저 움직였다.

모래와 젖은 흙을 빼고 아무것도 남겨 두지 않았을 때도 지렁이는 오른쪽으로 움직였다. 지렁이는 생각보다 똑똑했다!

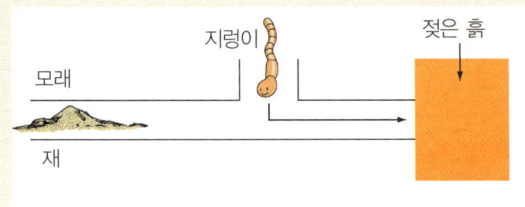

T자형 실험 장치

비고

박사님은 지렁이가 오른쪽으로 움직인 것은 젖은 흙의 물기를 느낀 본능에 의한 것일 뿐, 지능하고는 상관없다고 하셨다. 그래도 어느 정도의 기억력은 있는 게 아닐까?

관찰한 날	0월 0일	기록한 날	0월 0일
관찰한 곳	내 화단	날씨	흐림
관찰 주제	지렁이는 어떤 음식을 제일 좋아할까?		
관찰 내용	오늘은 특별히 지렁이에게 맛있는 음식을 주기로 했다. 그런데 지렁이는 못 먹는 것이 없기 때문에 어떤 음식을 제일 좋아하는지 알 수 없어서 실험을 통해 알아보기로 했다. 화단에 구멍을 몇 개 만들고 신선한 배추와 종이, 오렌지 껍질, 달걀 껍질을 넣어 준 다음 흙으로 잘 덮어 주었다. 먹이는 종류에 따라 일정한 간격을 두었다. 며칠 후에 가보니 배추는 거의 흔적을 찾을 수가 없었고, 종이도 군데군데 구멍이 뚫려 너덜너덜해져 있었다. 반면 오렌지 껍질과 달걀 껍질은 그다지 크게 줄어들지 않았다. 지렁이는 역시 신선한 채소를 가장 좋아하나 보다.		
비고	실험을 지켜보시던 박사님이 오렌지 껍질은 지렁이가 먹기에는 너무 단단해서 충분히 분해된 다음에야 줄 수 있다고 말씀하셨다. 종이를 줄 때도 신문지는 인쇄된 잉크에 포함된 유해 성분 때문에 해롭다고 하셨다. 실험용으로 묻어 두었던 먹이를 다 치우고 대신 신선한 채소를 묻어 주었다.		

관찰한 날	0월 0일	기록한 날	0월 0일
관찰한 곳	투명한 사육상	날씨	흐리다 갬
관찰 주제	지렁이 알 색깔 변화 관찰하기		
관찰 내용	얼마 전 내 화단에서 기르던 지렁이가 하얀 알을 낳았다. 드디어 내 지렁이가 엄마가 된 것이다! 자세히 관찰하기 위해 알을 투명한 사육상으로 조심스럽게 옮기고 밖에서 잘 보이도록 벽 쪽에 알을 묻었다. 관찰 3일째_ 작은 레몬처럼 생긴 하얀 알이 점점 녹색으로 변했다. 알 속에서는 어떤 일이 벌어지고 있을까? 관찰 14일째_ 아무 변화가 없어 보이던 알이 어느새 점점 담황색으로 변하고 있다. 곧 부화할 때가 된 것이다. 관찰 16일째_ 드디어 알에서 지렁이가 나왔다! 성인 지렁이와 모양은 비슷하지만 환대가 없으며, 몸이 매우 가늘고 작다.  부화 중인 지렁이 알		
비고	환경이 바뀌어서 걱정했는데 다행히 모두 매우 건강해 보였다.		

관찰한 날	0월 0일	기록한 날	0월 0일
관찰한 곳	아파트 베란다	날씨	맑음
관찰 주제	분변토에 채소를 키우면?		
관찰 내용	지렁이 분변토에 채소를 키우면 더 잘 자란다는 말을 들었는데 과연 얼마나 잘 자라는지 궁금했다. 그래서 분변토가 있는 화분과 없는 화분을 비교해 보기로 했다. 먼저 작은 화분을 두 개 준비했다. 첫 번째 화분에는 지렁이 사육상에서 걷어 온 분변토를 넣어 주었고, 다른 화분에는 지렁이나 분변토가 없는 새 흙을 넣었다. 씨를 뿌리는 것은 좀 어려울 것 같아서 작은 상추 모종을 사다가 심었다. 화분에 물을 주고, 햇빛이 잘 드는 곳에 두었다. 처음에는 차이가 없었는데 시간이 갈수록 조금씩 달라지기 시작했다. 분변토가 있는 화분에 있는 상추는 새 흙에 심은 상추보다 더 빨리 자라고 튼튼했다. 왠지 맛도 분변토에서 기른 상추가 더 맛있는 것처럼 느껴졌다.		
비고	상추는 깨끗이 씻어 먹어야 한다. 어쨌든 분변토는 지렁이 똥이니까.		

관찰한 날	0월 0일	기록한 날	0월 0일
관찰한 곳	학굣길 지렁이 굴 근처	날씨	비
관찰 주제	지렁이가 사는 땅에 물이 흐르면?		

관찰 내용

오늘은 비가 많이 왔다. 학교에서 돌아오는 길에 지렁이 굴 근처에서 빗물이 흐르는 모습을 관찰했다.

지렁이 굴이 있는 곳의 땅은 빗물이 잘 흐르지 않고 땅속으로 스며들었다. 반면 아스팔트에서는 물이 세차게 흘러 내려갔다. 또, 조금 떨어진 곳에 있는 모래 언덕에서는 모래까지 쓸려 내려갔지만 지렁이 굴이 있는 곳은 흙이 거의 그대로였다.

지렁이들이 열심히 굴을 판 덕분에 물이 흘러내리지 않고 땅으로 스며드는 것이다.

비고

지렁이가 사는 땅에서는 흙냄새가 난다.

관찰한 날	0월 0일	기록한 날	0월 0일
관찰한 곳	내 화단	날씨	흐림
관찰 주제	지렁이의 몸이 잘리면?		
관찰 내용	삽으로 화단의 흙을 뒤집어 주다가 실수로 지렁이의 꼬리부분을 잘라 버렸다. 지렁이는 아픔을 느끼지 못한다고 들었지만 미안한 마음에 신선한 채소를 먹이로 주고 지켜보았다. 지렁이는 몸이 잘려도 잘린 부분에 살이 돋아난다고 들었기 때문이다. 처음에는 매우 놀라고 스트레스를 받은 것 같던 지렁이가 점차 안정을 찾고 먹이도 잘 먹었다. 며칠 지나니 잘렸던 꼬리 부분이 치료되고 조금 자라나는 것이 관찰되었다. 지렁이는 정말 신기한 능력을 갖고 있다. 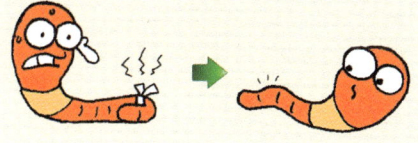		
비고	실험을 위해 지렁이에게 상처를 입히면 안 된다. 앞으로는 흙을 뒤집을 때에도 더욱 조심해야겠다.		

찾아보기

ㄱ
각피 28
감수세포 31
갯지렁이 18
구아노 59

ㄴ
나이트크롤러 55
난포 95

ㄷ
다모류 36
뚜르 137

ㄹ
룸브로키나아제 125

ㅁ
모래주머니 46
무기 호흡 37
무척추동물 23

ㅂ
배공 28
변온동물 51
분변토 56
분변토액 75
빈모류 36

ㅅ
사육상 50

삼투압 현상 88
센털 27
소낭 47
수광세포 31
신생대 19
씨알 구조 73

ㅇ
유기 농업 76
인두 47

ㅈ
전구엽 26
지렁이 퇴비화 용기 141
지렁이도마뱀 119
지렁이박물관 22
지표 동물 69

ㅊ
척추동물 23
체절 24

ㅌ
토룡탕 126

ㅎ
혈전 125
환대 95
환형동물 24
흡반 109